咸宁市博物馆 编

荆楚藏珍
——绘说考古

"荆楚文化是悠久的中华文明的重要组成部分，在中华文明发展史上地位举足轻重。"

长江是中国第一大河，也是中华民族的母亲河。

中国地质大学出版社
CHINA UNIVERSITY OF GEOSCIENCES PRESS

图书在版编目（CIP）数据

荆楚藏珍：绘说考古 / 咸宁市博物馆编 . -- 武汉：中国地质大学出版社，2024.12.
ISBN 978-7-5625-6081-4

Ⅰ. K872.630.4-53

中国国家版本馆 CIP 数据核字第 2025D6M998 号

荆楚藏珍——绘说考古

咸宁市博物馆　编

责任编辑：陈　琪　张燕霞	插画：吴　臻	责任校对：张咏梅

出版发行：中国地质大学出版社（武汉市洪山区鲁磨路 388 号）	邮编：430074
电话：（027）67883511　　　传真：（027）67883580	E-mail:cbb@cug.edu.cn
经销：全国新华书店	http://cugp.cug.edu.cn

开本：787mm×1092mm　1/12	字数：170 千字　　印张：17
版次：2024 年 12 月第 1 版	印次：2024 年 12 月第 1 次印刷
印刷：湖北金港彩印有限公司	

ISBN 978-7-5625-6081-4	定价：98.00 元

如有印装质量问题请与印刷厂联系调换

编委会名单

策　　划：章　化
编委会主任：周小刚
副 主 任：徐　刚
主　　编：魏　杨
编　　委：潘　晓　王晓芬　马灵素　徐幻幻
　　　　　潘　灵　曹　李　陈细霞　程　靖

前 言

"遂古之初,谁传道之?上下未形,何由考之?"(屈原《天问》)

岁月苍茫,古人的神话世界里,盘古打破混沌,一日九变;女娲抟土造人,补天救世;伏羲授人以渔,教化人族;燧人氏点燃火焰,照亮黑夜;神农氏撒下种子,洞悉耕种,直到尧、舜、禹。至此,神话演进为传说,逐渐接近我们眼中真实的历史和世界。专家通过考古发现,河南"二里头遗址"极有可能是夏王朝的中晚期都邑,古籍记载其建立者就是我们熟知的大禹。考古的魅力就在于"发现",那些人类最早的记忆再次呈现于今人眼前,照亮着我们来时的道路,拉近历史与当下的距离。探索"过去",是为了更好地了解"现在"和把握"未来"。

迄今为止,人类已经有了300多万年的历史,山川大地之间,江河湖海深处,人类活动留下的遗存不可胜数,而考古学到如今不过150年左右的时间,中国现代考古学则刚走过百年历程。习近平总书记在致仰韶文化发现和中国现代考古学诞生

100周年的贺信中写道:"100年来,几代考古人筚路蓝缕、不懈努力,取得一系列重大考古发现,展现了中华文明起源、发展脉络、灿烂成就和对世界文明的重大贡献,为更好认识源远流长、博大精深的中华文明发挥了重要作用。"

湖北是长江文明重要发源地、楚文化发祥地。近百年来,湖北考古取得丰硕成果,郧县人、屈家岭、石家河、盘龙城、铜绿山、纪南城、曾侯乙墓、九连墩墓群、睡虎地秦墓、梁庄王墓等一系列重大考古发现为我国"百万年的人类史、一万年的文化史、五千多年的文明史"提供了佐证。本书力求通过简洁生动的图画、通俗易懂的文字,从湖北百年考古众多成就当中精选部分考古发现,以考古视角呈现荆楚大地深厚的历史文化底蕴,带领广大读者领略、探究考古之魅力。

目　录

1. 头骨化石再现湖北百万年前古人类生活画卷
   ——十堰学堂梁子遗址 .... / 1
2. 长江流域的农耕文明发祥地
   ——荆门屈家岭遗址 .... / 19
3. 长江中游的史前最大古城
   ——天门石家河遗址 .... / 35
4. 龙盘泽国　武汉城市之根
   ——武汉盘龙城遗址 .... / 51
5. 探寻青铜文明之源
   ——大冶铜绿山古铜矿遗址 .... / 65
6. 北有"兵马俑"南有"熊家冢"
   ——荆州熊家冢遗址 .... / 77
7. 旷世编钟　曾随之谜
   ——随州曾侯乙墓 .... / 89
8. 纪山之南　楚国故都
   ——荆州楚纪南故城遗址 .... / 103

9　楚王离宫　千古章华
　　——潜江龙湾遗址 .... / 121

10　考古拨开赵将军传说迷雾
　　——襄阳九连墩墓群 .... / 131

11　吴头楚尾　沧海遗珍
　　——咸宁商周遗存 .... / 147

12　云梦大泽之下的秦国文化符号
　　——云梦睡虎地秦墓 .... / 157

13　藩封钟祥　明代瑰宝
　　——钟祥梁庄王、郢靖王墓 .... / 167

14　中国近代史重要"舰证者"
　　——中山舰 .... / 181

结语 .... / 190

参考文献 .... / 191

考古人背包

 手铲

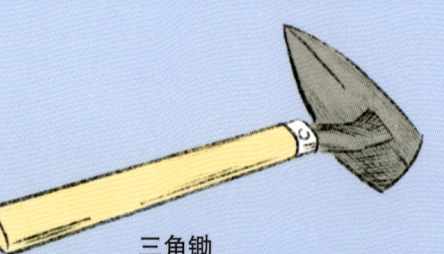 三角锄

 遮阳帽

竹签

 手持X荧光分析仪

 发掘日记

相机

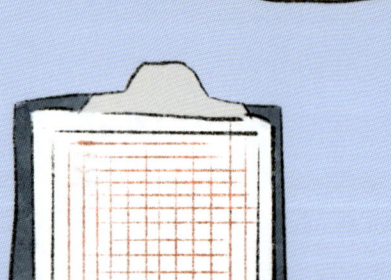 米格纸

 实时动态测量仪

 钢卷尺

手刷

考古人的一天

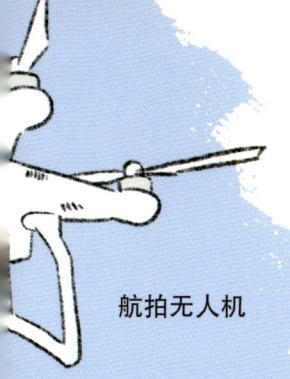

航拍无人机

探铲

上　午

7:30 上工

去除探方浮土，使用手铲刮面，观察土质土色，辨别遗迹现象，确定遗迹范围。

标出遗迹现象并拍照记录，着手清理遗迹，注意观察土中遗物。提取土样以便检测分析，对发现的重要遗物进行标记并拍照记录。

12:00 午餐、休息

下　午　　　　　　　　　　14:30 上工

拍照记录，分析遗迹现象属性，用手铲、竹签清理周边泥土，露出遗物面貌，准备测量绘图。安全提取遗物，使用合适容器封装好，准备运回驻地文物库房。

继续上午未完成的工作，如发现重要遗迹现象，则报告考古领队。

18:00 下工

总结当天工作，部署第二天工作。

考古是什么？

　　考古是依据古代人类活动遗留下的实物遗存，研究和阐释人类社会的一门学科。这些实物遗存可能来自数百万年前的洞穴，也可能来自几百年前的村落；可能是一粒微小的稻米，也可能是一座宏大的城市。考古学家对这些实物进行描述和分类，鉴定年代，确定用途，以此来研究古代人类活动的方方面面，最终阐明人类社会发展的规律。考古发掘需要得到国家的批准，有着严格的规范和流程，目的不是寻宝，而是记录和研究历史信息。

　　考古工作主要分为考古调查、勘探、发掘、资料整理等。考古调查是田野考古工作的第一步，通过地面踏查、实地走访，可以初步了解一个区域内的文化脉络与地下可能存在的文物埋藏情况。发现遗迹现象后要进一步了解地下文物的详细信息，则需进行考古勘探，主要利用探铲（洛阳铲）向地下打孔进行人工勘探，对带上来的完整土样及包含物进行分析，从而找到地下与人类活动有关的迹象和范围。如果要更全面地了解地下遗存信息，获取遗存资料，则需进行考古发掘。

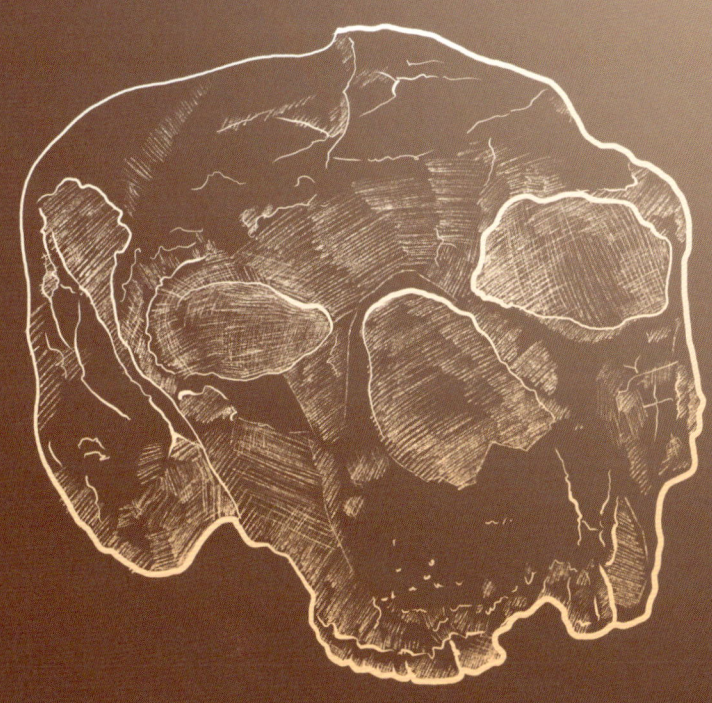

 **头骨化石再现湖北百万年前古人类生活画卷**
——十堰学堂梁子遗址

人类起源于哪里？中国人源自何处？

多年来，对于现代人起源的问题，学术界一直未有定论。

湖北文物工作者对古人类的探索从未停歇，"郧县人"的考古发现实证我国百万年的人类发展史，填补了中国古人类演化的空白时间段，进一步证明东方人类故乡历史源远流长，华夏远古文化博大精深。

当我们放眼一百万年这个时间维度，个体何其渺小，而这几位沉睡百万年的"老朋友"与我们相遇在 21 世纪，是想向我们传递何信息？让我们一起走进"郧县人"，聆听他/她的故事。

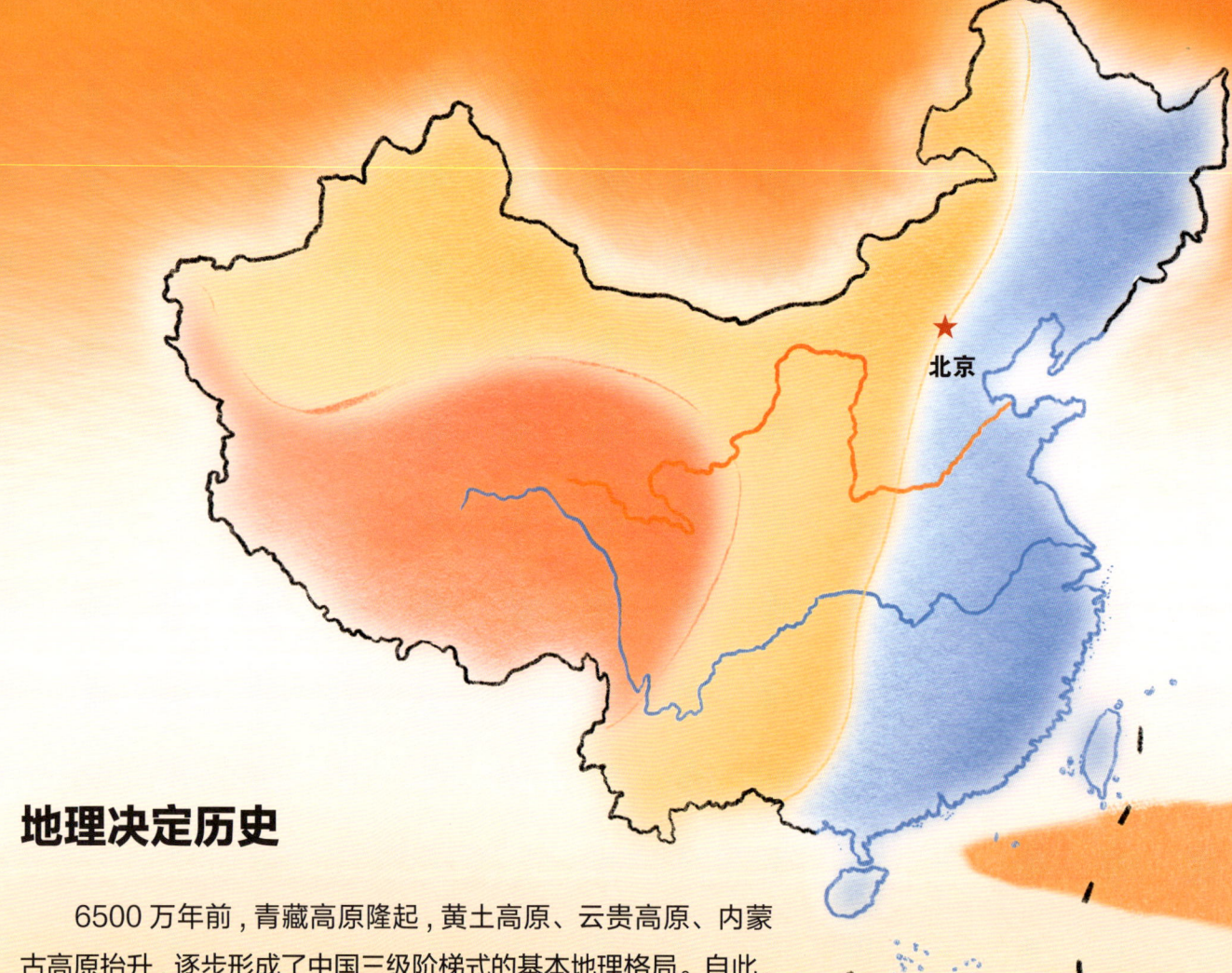

地理决定历史

6500万年前,青藏高原隆起,黄土高原、云贵高原、内蒙古高原抬升,逐步形成了中国三级阶梯式的基本地理格局。自此,大江东去,日月西沉,中国的地貌已然奠定,只待古人类踏上这片土地,开启一场独一无二的创造。

黄河发源于青藏高原巴颜喀拉山脉,自西向东流入渤海,九曲十八弯一路奔腾而下,形成一个巨大的"几"字横跨三级阶梯;长江发源于青藏高原的唐古拉山脉,为我国第一大河流,流经三级阶梯,自西向东汇入东海。

审图号:GS(2016)1549号
自然资源部 监制

江河滔滔一刻不停,地理决定历史,历史决定文化,长江和黄河一同滋养了源远流长的中华文明。考古发现表明,地处长江中游的湖北,早在100多万年前,就已有远古先民在这里生息繁衍,自强不息,创造了古朴而灿烂的史前文化。

初识

1989年，考古人员进行文物普查时，在十堰市郧县（现为郧阳区）发现一具古人类头骨化石，经科学分析研究，证明该头骨为距今100万年左右的直立人头骨化石。

发现头骨后，考古人员又在其周边区域发现大量古人类遗留的石器制品，证明这里曾长期有古人类生活。

距今约200万年前，直立人出现在东亚大陆，东方古人类繁衍的故事拉开帷幕。中国考古发现的古人类已有云南元谋猿人（距今170万年左右）、陕西蓝田猿人（距今115万～65万年）、北京猿人（距今约70万～23万年）、陕西大荔人（距今26万～18万年）、北京山顶洞人（距今约1.8万年）等。

1号头骨化石　　2号头骨化石

1990年，考古人员再次于此进行正式考古发掘，竟又偶然发现一具古人类头骨化石。两具史前头骨化石的接连发现让"郧县人"从此走到世人面前。

"郧县人"生活在100万年前的长江最大支流——汉江上游一带。身处旧石器时代的他们过着以采集和渔猎为主的生活。资源匮乏、生产工具的落后,迫使他们不断迁徙,直到在汉江上游一河流交汇处停留下脚步。

石锤　石核　石片

他们就地取材，寻找合适的材料制作捕猎工具。这时期人们的捕猎工具以石制工具（打制石器）为主。

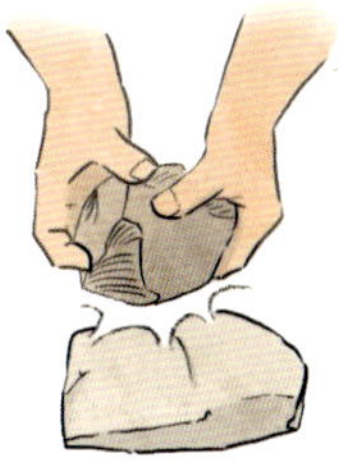

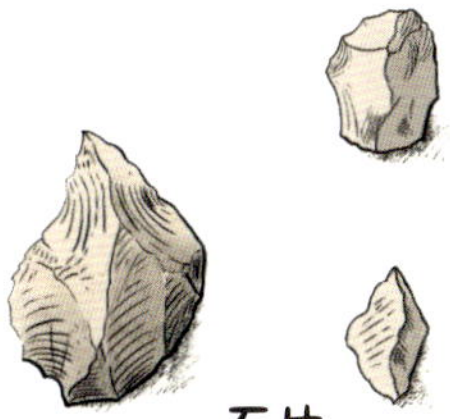

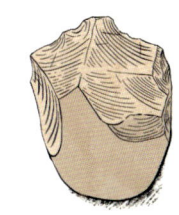

石片

通过砸击和碰撞来获取石片作为切割工具，有时也会随机获得一个砍砸器。

据推测，古人类在长期使用天然木棒和石块来获取食物和进行防卫时，偶然发现用特定的石材摔破后产生的锋利边缘进行砍砸和切割东西比较省力，从而受到启示，开始砸击石头，使之破碎，以制造出适用的工具。

可不要小看这些"石器"，就算是现代人，在不借助工具的情况下制作出合适的"石器"也并非易事。

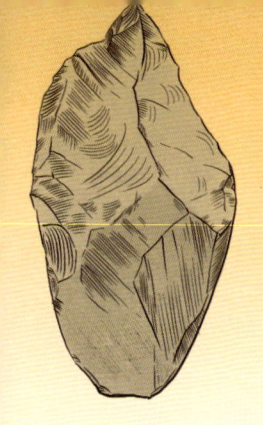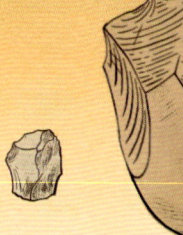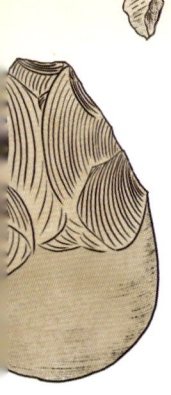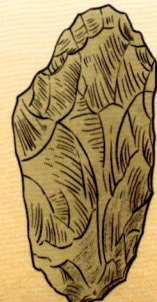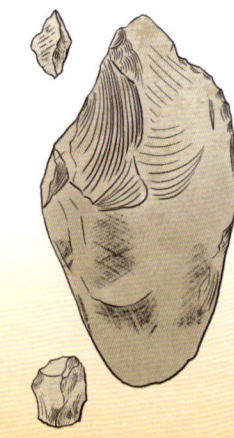

"石光"

旧石器时代大约从 300 万年前开始，如果把人类历史压缩成 24 小时，旧石器时代可一直延续到 23 时 55 分，而在剩余的 5 分钟时间里，新石器时代又占了一半多。可以说石器时代是人类进入文明前的漫漫长夜，占据了人类历史 99.9% 的时间。在这时间长河里，古人类从最初在自然界获取工具到自主制作工具，大脑思维能力实现了一次又一次提升。

考古人员在遗址区域发掘出土了众多动物化石和上千件石器。

特别是发掘出土的手斧，比非洲和欧洲还要更早。手斧的出现，是旧石器时代发展到一定阶段的标志物。双面加工、具有对称性的手斧，表明古人类心智趋于成熟。

早期古人类通过砸击和碰撞的方式随机获得石器。随着不断学习，他们从"有什么就用什么"变成"用什么就做什么"，说明当时的人们在打制石器时首先会观察石头的样子，思考需要石头变成什么样子以及如何将石头变成需要的样子。

通过更加先进的捕猎工具，"郧县人"在这里日复一日地生活，但资源的匮乏以及猛兽的出没也时常威胁着他们的生命。

　　这个时期的人们还未完全了解"火"的奥秘，也不能正确认识一些自然现象，只能不断地适应自然并被迫作出选择。

　　在百万年前的某个夜晚，狂风大作，闪电划破天际，雷鸣随之而来，树林中的动物四散逃去，雷电交加的景象让"郧县人"感到无比的恐惧，只能在黑暗中等待黎明的到来。

　　或许某次闪电从天而降点燃森林，古人类第一次见识到"火"的威力，但这时他们还难以掌控"火"。

翌日清晨，人们在河边发现了一些在暴雨中死亡的动物，趁着还没被其他猛兽发现，他们立即将这批大自然的"馈赠"扛回自己的栖息地。

在发掘中，考古人员发现一片土下掩埋着众多动物遗骸。生物考古学家分析发现，这些动物并未受到外界钝器伤害，推测应为溺亡。

星辰

有人说人类的文明起源于第一个仰望星空的人,满天星辰带给人类无尽的好奇,从前只知进食、捕猎与繁衍的人类大脑开始学会思考。直到某天,火焰在手中燃起,人类终于摆脱了每日为生存而奔波的境况,众多文明的火把也如满天星斗般开始闪耀于中华大地之上。

"郧县人"就这样在汉江一带生活着。不知过了多久,随着人口的增多,食物无法得到满足,他们又踏上了迁徙之路……

考古发现汉江流域周围曾长期生活着古人类,发生过不同时期、不同人群的频繁迁徙以及狩猎、采集活动,证明长江流域的汉江是孕育东方文明的摇篮和古人类演化的重要通道。

黄龙洞

白龙洞

郧县人

汉江走廊是亚洲古人类持续演化的摇篮

　　"郧县人"遗址是我国近年来发现的最重要的古人类遗址之一，它的周边还发现有梅铺猿人遗址、白龙洞遗址和黄龙洞遗址等古人类遗址，以及众多旧石器化石点，表明这个区域是古人类起源、演化和发展研究的重要区域。

"郧县人"填补直立人在元谋人、蓝田人和北京猿人之间的长时段演化空白

　　距今 100 万年左右的人类化石非常少，具体到东亚这个区域，超过 100 万年的，只有 170 万年前的元谋人和距今 115 万～65 万年的蓝田人。"郧县人"就处于一个中间的时段，承上启下。

梅铺猿人

考古方舱

　　如今这里建立了国内体量最大、设施齐全、功能完备的考古方舱。2022 年 5 月 18 日，注定是一个载入史册的日子，这一天，"郧县人"3 号头骨化石在新一轮考古发掘中被发现。

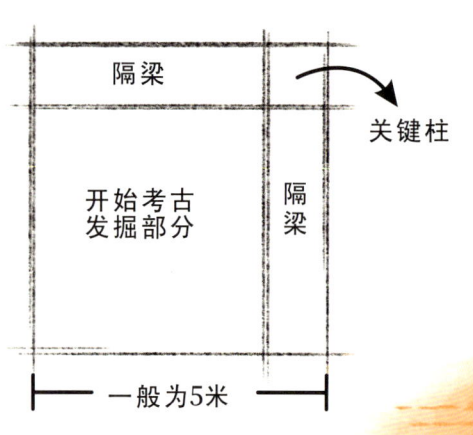

探方

考古发掘之前要划定探方,探方一般预留隔梁和关键柱以便于观察地层情况。每个探方都有各自的编号,整个发掘区就像是一个巨大的直角坐标系,所有发现都可以在这个网格里准确定位,所以我们看到的考古发掘现场大多是网格状的。

地层

古人类到一个地方生活,必然会出现一些遗存,如房屋、窖穴、工具等。他们迁徙离开后,这些遗存又被泥土覆盖,回归旷野。多年后,又一群人到来,产生新的堆积。这样的过程周而复始,地层便从下到上,从早到晚,记录下人类活动的印记。

考古人员就是根据地层中遗留的蛛丝马迹探寻古人类遗存。不同地层中的包含物往往还含有重要的年代信息，通过现代科技可以进行测年。

可以想象，这片有人类生活过的地块就像一个大生日蛋糕，从切开的地方来看，每一层的夹馅都不相同，里面夹着水果、巧克力、坚果、奶油等，考古人员的首要工作就是要将蛋糕每层夹心的内容提取出来，予以分析、研究、展示。

"郧县人"遗址考古方舱

33年3具头骨化石

"郧县人"3号头骨是迄今发现的同时代最为完整的直立人头骨化石之一,实证了我国百万年的人类史。

33年在同一个地点发现3具古人类头骨化石,让湖北再次成为全世界关注的考古热土。

奇妙的是,这具重要的头骨化石,就发现于探方角落,如果再偏20～30厘米,考古人员极有可能与之失之交臂。这不禁让人感慨,他(她)是否就在这里静静等了我们100万年。

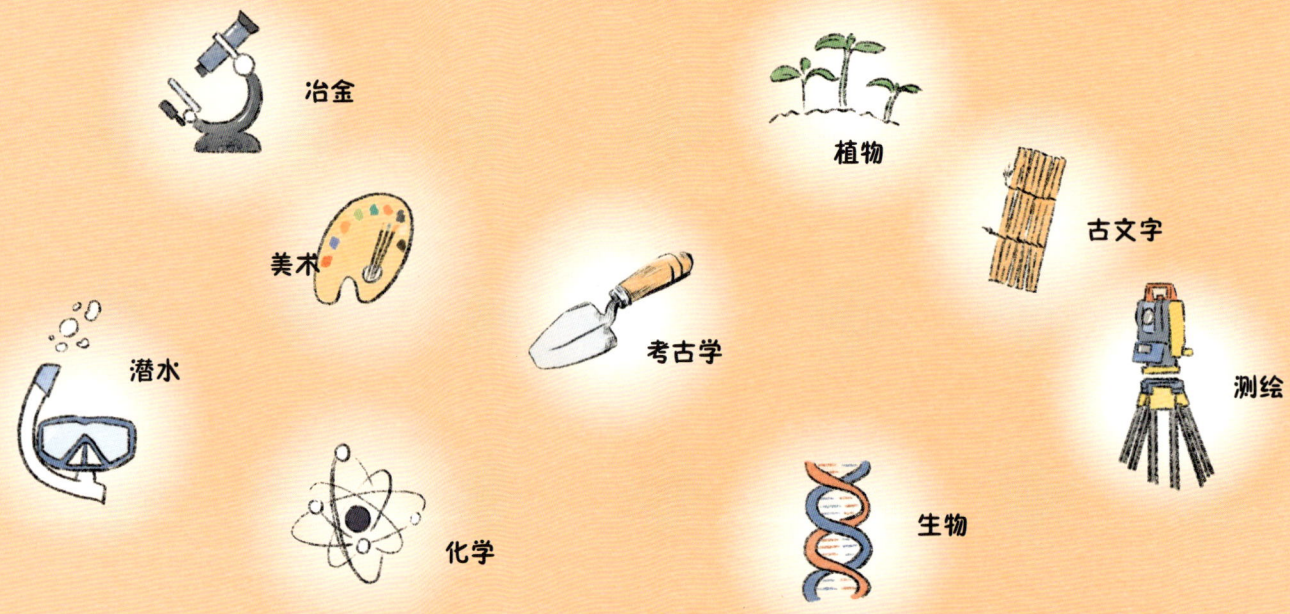

考古学是一门交叉学科,研究对象很古老,学科很年轻。也许你的兴趣爱好未来也将在考古领域发挥重要作用。每一个孩子都有可能成长为一名考古学家。

② 长江流域的农耕文明发祥地
——荆门屈家岭遗址

农业的产生与发展让原始人从居无定所的漂泊生活中安定下来，聚落逐渐形成，最早的畜牧业开始出现，一个新的时代开启了……

屈家岭遗址是屈家岭文化的首次发现地，而屈家岭文化是长江中游地区首次命名的史前考古学文化。该遗址发现有数量众多的环壕聚落，密集的史前城址，发达的稻作农业和先进的制陶工艺，向我们揭开了长江流域史前文化的面纱。

1954年冬，荆门屈家岭一带因修建水库挖出了大量红烧土、陶器和石器，引起文物部门重视。这里地势平缓，周围丘陵起伏，两条河流环绕交汇，测定其年代距今5900～4200年，被命名为"屈家岭遗址"。

长江中游首次发现的史前文明

屈家岭遗址的发现第一次揭开了长江中游史前文明的面纱，与黄河流域龙山文化、仰韶文化、大汶口文化，长江上游宝墩文化、下游良渚文化等一同构成了目前所知的史前文明，是中华文明的摇篮。

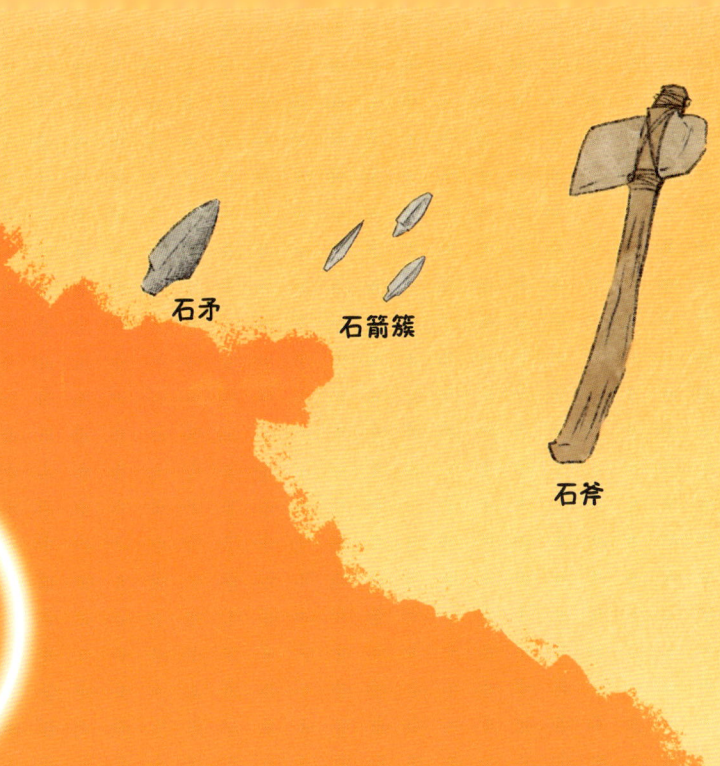

石矛　　石箭簇

石斧

这时期的人们已完全掌控"火"的奥秘，学会利用火，也为陶器的产生提供了基本条件。

走过数百万年历程后，进入新石器时代晚期的先民们已掌握更精细的石器制作技术，制作工艺从以打制为主变为以磨制为主。

对火的使用是人类第一次成功支配一种自然力量，也使人类饮食方式从生食到熟食，促进了人类体质改善，推动了人类进化。而陶器的出现，更离不开人类对火的认识和使用。从火到陶，人们走过了一段漫长的历程，二者至今陪伴着人类文明的进程。

浮选出的炭化稻

浮选出的炭化粟

农业

在遗址中发现大量与农业加工有关的器皿以及稻谷、稻壳痕迹。考古人员将可能存在遗物的土样放入水中，使炭化植物脱离土壤浮出水面。"浮选"带来的植物数据表明，这里不仅存在稻作农业，还引进粟作农业，南北食物交流已经形成。

出土的器物中，有一口巨型大陶锅，口径接近 90 厘米，不禁引人遐想：什么情况下，才会用上这么一口大锅来烹煮食物？

这也反映出屈家岭时期先民们食物充足、聚落强势。

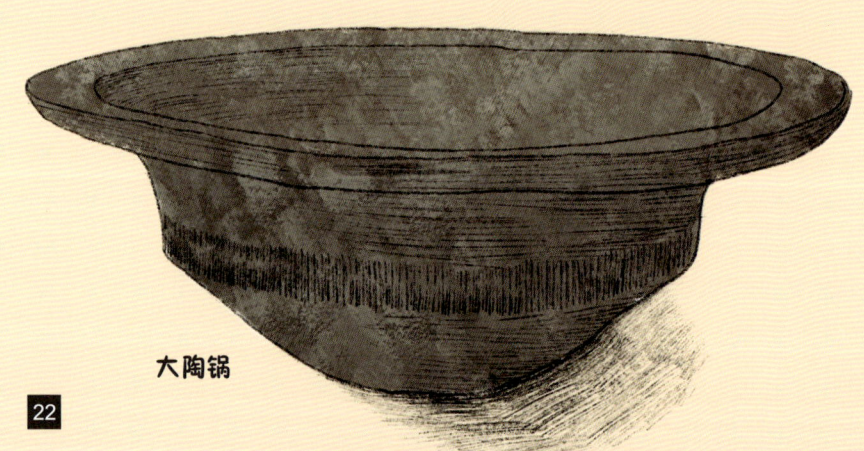
大陶锅

制陶

屈家岭遗址出土了大量陶器用具,考古人员通过观察分析,发现此时先民们已经掌握了快轮制陶技术。

早期人们制作陶器时会在底部衬垫树叶、木头等,再对原料进行加工。随后慢轮制陶技术开始逐渐出现,不断发展为快轮制陶,极大提高了制陶效率。

陶是人类创造的第一种人造材料。陶器的发明促进了定居生活和农业生产,改变了人们的饮食结构,除"烤"以外的"煮""蒸"加工方式出现,人类由此吃上了米饭,延续至今。

在制陶过程中,人们进一步熟悉和控制火,体现了人类对水、土、火的认识和把握,为之后青铜器及瓷器的大发展奠定了基础。

陶杯

蛋壳彩陶杯形似如今的一次性纸杯,杯壁最薄处 0.2～0.3 毫米,显现出先进的快轮制陶技术。

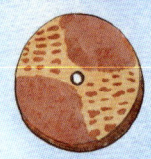

屈家岭遗址出土有彩陶纺轮、薄胎彩陶、陶双腹鼎等代表性器物。对部分器皿内壁残留物的分析证明,屈家岭先民已开始利用余粮酿酒。

双腹鼎

双腹碗

壶形器

陶纺轮是新石器时代常见的纺织器具,这里的彩陶纺轮却非常特别,不仅数量多,且纹饰别致,图案以各种方式通过轴心,来表达纺轮旋转时的各种视觉形状。

神秘的彩陶纺轮

有学者认为纺轮上的花纹随着旋转可以增加美感,还能满足人们对纺轮快速转动、多纺线的美好向往。也有学者认为其数量超过了常规用量,为祭祀法器,反映了先民对天体运转的认识,被认为是后世太极阴阳鱼图的原型。

遗址发现有大量家猪牙齿和碎骨,出土有鸡、狗等造型的陶塑制品以及大量石器、陶器等,有农具,也有渔猎、纺织器物。

在那个遥远的时代,屈家岭先民们男耕女织,过着简单却充实的生活。

陶球

"田"字甲骨文

这里还出土了一种空心镂空陶球，直径6～8厘米，表面绘有纹饰，部分有小镂孔，球腹中空，里面多含小石子或泥核，摇之出声。

其中一件陶球上的纹饰与"田"字极像。如今的我们无法知道先民当时为何会留下这样的图案，但器身纹样蕴含的历史信息仿佛诉说着5000年前的一个晌午，田间的人们忙于劳作，阳光洒落在屈家岭稻田与人们身上，一名制陶工匠拿起手中的工具，在即将制作完成的陶球上绘下眼前的景象。

通过考古人员的手铲，透过这件"田"字纹陶球，一幅生动的田园画卷拂去尘土，那片繁荣的稻田景象穿过 5000 年光阴再次展现于我们眼前。

对于陶球的用途，有学者认为是装饰品，可穿绳佩戴，也有学者认为是乐器，在人们歌舞时用来伴奏，还有学者认为是儿童玩具，类似今天的手摇铃等。

此外，这里还发现有房屋建筑遗迹，仿佛出现过以下的场景。

一位父亲正用稻草和泥土筑造房屋，他先平整土地，在地面挖出基槽，然后埋下木桩，搭建好屋顶，再用调配好的泥土将木桩包裹形成墙面，利用火烘烤墙面使其变得坚硬，最后将屋顶铺设牢固。一间史前房屋由此诞生，家人从此有了遮风避雨的居所。

遗址和考古学文化

考古学家通常以当地最小行政地名来对所发现的遗址进行命名，主要是为了避免名字重复所带来的不便。比如"屈家岭遗址"就是以首次发现地屈家岭村来命名的。考古学文化则是指属于同时代、分布于共同地区且具有共同特征的一群遗址，通常以首次发现的典型遗址名命名，比如"屈家岭文化"。

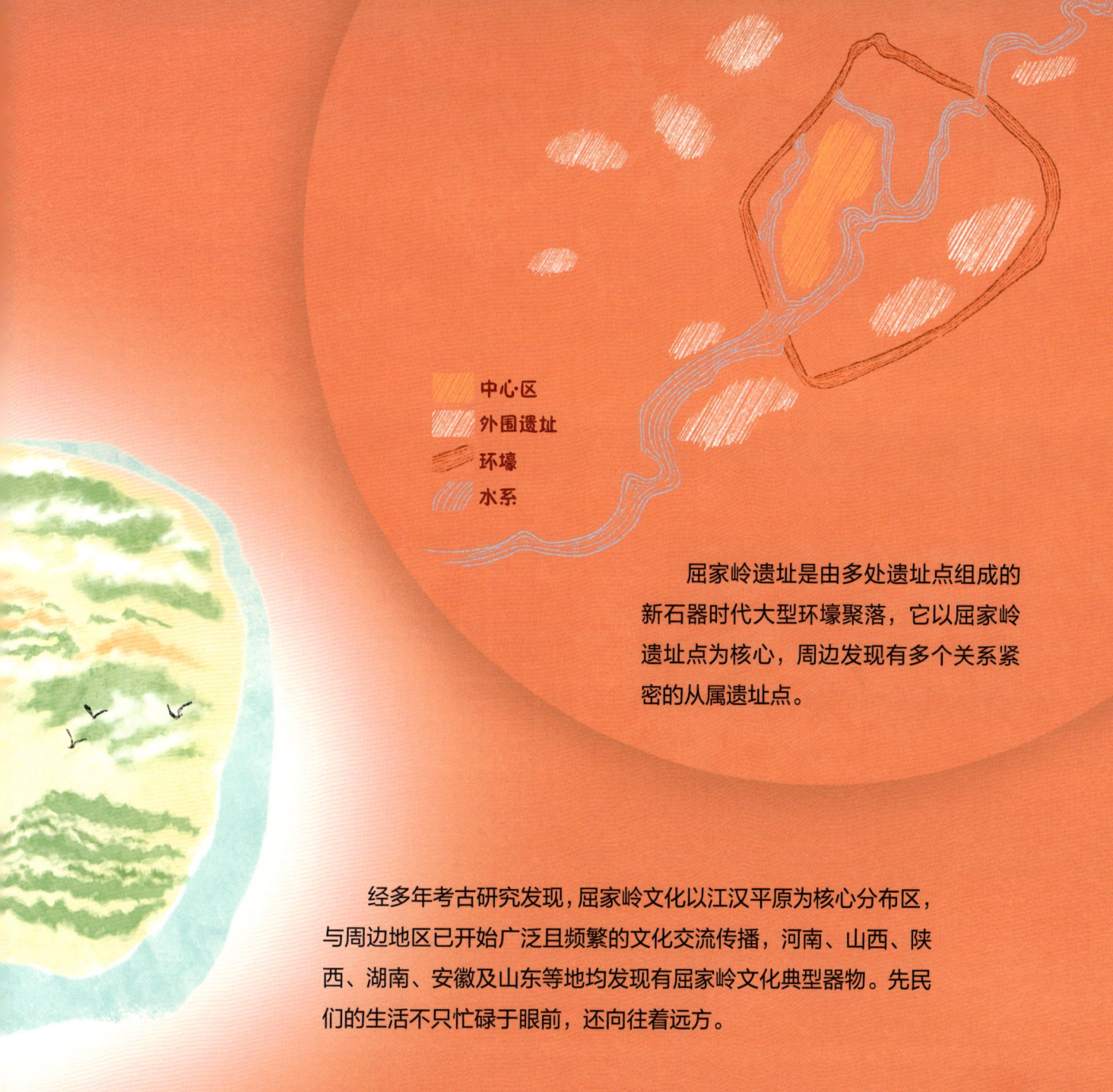

中心区
外围遗址
环壕
水系

屈家岭遗址是由多处遗址点组成的新石器时代大型环壕聚落，它以屈家岭遗址点为核心，周边发现有多个关系紧密的从属遗址点。

经多年考古研究发现，屈家岭文化以江汉平原为核心分布区，与周边地区已开始广泛且频繁的文化交流传播，河南、山西、陕西、湖南、安徽及山东等地均发现有屈家岭文化典型器物。先民们的生活不只忙碌于眼前，还向往着远方。

史前水坝

2015 年至今,新一轮考古发掘持续展开,考古人员结合现代化手段首次发现了距今 5100～4900 年的多组水利系统,是迄今发现最早的水利设施,比传说中的"大禹治水"还要早约 1000 年。其中一组坝体现存坝顶高约 2 米、宽约 13 米,坝底宽约 27 米、长约 180 米。

先民们依托自然地形,在两山口处用土筑坝体,以拦蓄水资源,周围还附属有蓄水区、灌溉区、溢洪道等。

古往今来,人类逐水而居,文明伴水而生。屈家岭遗址水利系统的发现证实了史前先民们从被动防水转变为主动控水,表明这里曾经生活了大量人口且出现了管理者。

史前"别墅"

另一地点考古发掘出现多处红烧土痕迹且呈规律排列。经考古人员清理确定，其为南北向分布的五室建筑，红烧土为史前碴墩遗迹，用于梁柱承重。

据考古人员测算，这套房屋主体面积约340平方米，外围还设有廊道，总面积超过500平方米。

碴墩是古建筑的基础部分。人们首先平整地面，然后堆筑台基，按照房屋平面布局挖深坑，随后烘烤坑壁形成硬结面，最后用红烧土混合黏土及少量焚烧过的猪骨填满深坑形成碴墩。

烧结面

碴墩

多样化的考古技术手段

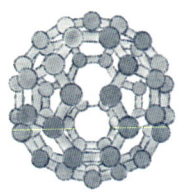
碳 14 测年

浮选法
（遗存提取）

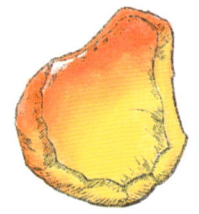
植硅体分析

浮选法分为轻浮和重浮。轻浮主要提取一些质地较轻的，例如种子、果壳等遗物；重浮则主要针对骨头、木炭、碎陶片等遗物。

通过对土壤及工具上残留物的提取分析，了解古人类对植物的利用及农作物的起源和传播。

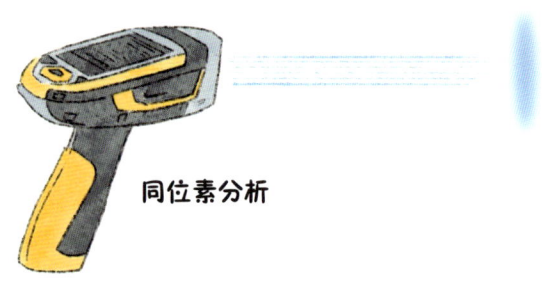
同位素分析

考古是不可逆的过程，任何考古发现都不能被发掘两次。近年来，多种学科知识、先进科技手段与考古研究实践深度融合，助力考古焕发新光彩。

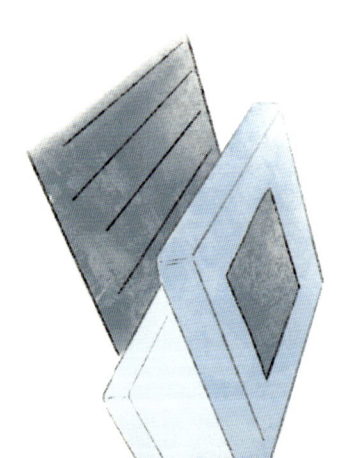
X 光检测

遥感技术

随着航空航天科技的发展，尤其是传感器分辨率的提高，考古人员从卫星、飞机等不同空间位置上，运用摄影机、扫描仪、雷达等成像设备，对地表及地下遗迹进行远距离观察、探测，获取考古遗址的影像资料，然后运用相关软件对这些影像进行处理分析。

水下考古

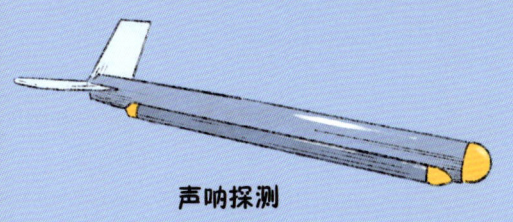

声呐探测

考古不限于地面，水下考古是另一重要领域。古代航线下，保存有大量古代沉船和文物。

水下环境复杂，能见度低，开展水下考古需要做好一系列的技术和装备准备，如潜水员培训、水下考古设备研发等。

屈家岭遗址出土玉钺

象征权力的钺

石钺前身为石斧，作为石器时代的重型工具，有着巨大的威力。随着不断发展，石钺成为王权的象征，多为聚落首领使用。

小纺轮大作用

纺轮的出现可追溯到距今 8000 年前。在屈家岭遗址发现了大量彩陶纺轮。

在纺轮中装入捻杆，把散乱的麻丝等纤维捻一段缠在捻杆上，垂下并转动纺轮，纺轮的自重力带动纤维拧绕成线。

纺轮使用示意图

③ 长江中游的史前最大古城
——天门石家河遗址

在早期石家河镇村民的印象中，种田时经常能挖出陶器残片，"一堆黑乎乎的瓶瓶罐罐，谁知道是什么啊，就拿去压咸菜缸了。"直到1955年，考古人员打开这片"土地盲盒"，村民们才恍然明白，"原来这里竟有着一个史前古城"。

1954年，长江流域出现特大洪水，天门市石家河一带修建水渠时意外发现大量古文化遗迹，就此揭开石家河遗址的考古序幕。在此后的60多年时间里，考古人员先后发现巨型史前城址、大型祭祀区、奇特精美的玉器……惊人的考古发现接踵而至。

墓葬区

外围祭祀区

手工作坊区

石家河古城南北长约 1300 米，东西宽约 1200 米，总面积约 120 万平方米。古城内外分布 40 余处遗址点，有居住区、手工作坊区、外围祭祀区以及墓葬区等。在周围更大范围内还有很多同时期遗址，构成了庞大的史前遗址群。

主区

创立初期,面积约26万平方米

鼎盛时期,面积约120万平方米

神秘的陶符

在石家河古城西边的一处台地,因地形似一枚方形印章而得名"印信台"。考古人员在此发现了大量陶瓮、陶碗、陶缸等,陶缸口底相接套在一起,部分套缸上刻有神秘的符号,据此推测,此地应为石家河先民祭祀场所。

4500年前一个雨后清晨,各部落首领齐聚石家河祭台。他们手持精心制作的陶缸,在那个文字还未诞生的时代,符号化的形象被刻于陶缸中心。他们将陶缸首尾相连,整齐摆放,象征着部落之间紧密相连,唇齿相依。

甲骨文是中国迄今发现最古老的成熟文字系统，但其由谁发明，我们还无从知晓。不过可以肯定的是，甲骨文一定不是中国最早的文字。

在新石器时代的诸多遗址中都发现带有刻符的陶器，这种符号不一定是甲骨文的前身，但与文字的产生有着必然的联系。

史前"手办"

考古发掘出土有大量陶塑艺术品,数量近万件,涵盖陶人和小动物。它们多为手工捏制,体型迷你、造型生动。陶塑动物主要有鸡、狗、羊、猪、兔、猴、鸟、象、貘、鳖、龟等。

数量庞大的红陶杯残件

在古城内,考古人员还发现数以万计的红陶杯残件被掩埋在土中且厚达数米,这里可能是一个专门制作陶杯的作坊。

根据已发掘数量推测,此处有 200 余万件红陶杯,可想而知 4500 多年前的石家河古城一定热闹非凡。

姿态各异的陶俑,有的戴帽,有的双手抱鱼,有的作舞蹈姿态,再现了石家河史前先民们的生活状态,仿佛带我们回到了 4500 多年前某个篝火飞舞的夜晚,夕阳西下、渔火阑珊、湖光山色,一派宁静祥和。

猜一猜,这些动物都是什么?答案见页面右下角。

红陶杯是实用酒器还是祭祀礼器?陶塑品是玩具还是艺术作品?套缸之中又隐藏着什么样的秘密?这些问题目前尚无定论,如此大批量的手工制品集中出土,反映了古城具有一定规模,人员的分工进一步细化。

依次为陶鸡、陶羊、陶猪、陶象、陶龟、狗爸爸(妈妈)背着它的孩子

史前"简笔画"人物形象

在一处墓葬内发现众多随葬品,其中石钺仅1件。考古人员想起之前发掘出土的陶罐上曾有一人物形象,头戴羽冠,方脸立身,一手持钺,一手指向远方,难道这件石钺就来自他吗?

"玉见"石家河

遗址出土众多玉器,类型丰富、造型生动、技术精湛,代表了史前中国玉器雕刻工艺的最高峰。

石家河古城城墙残高3～8米,墙底宽30～50米,墙外壕沟宽60～80米,据专家推测城内有2万～4万人口。

玉凤

玉凤首尾相接呈团凤形，直径约5厘米，厚约0.6厘米，双面镂空透雕，造型秀美，线条流畅，腰琢圆孔，可用于系佩，是目前考古发现最早的凤鸟造型，被誉为"中华第一凤"（现藏于中国国家博物馆）。

玉龙

连体双人头像

双鹰玉佩，直径约4.5厘米，厚约0.35厘米，两鹰面对面，以尾"站立"于底座上。底座似抽象兽面，头顶有冠，两侧飞檐，制作者别出心裁地将中间挖空成蛙的造型，造型艺术堪称一绝。

史前古人不断迁徙，感受到大地辽阔，但无法想象天的高度。自然界中鸟类自由飞翔，鹰更是空中的猛禽，来无影去无踪，使得人们产生崇拜感。

双鹰玉佩

这件玉鹰直径约2.5厘米,厚约1厘米。别看这件"迷你"玉鹰平平无奇,其制造工艺可不简单。先民首先制作鹰的身体部分,预留孔洞,再单独做了一个"喙"进行嵌入。

玉雕头像①

"喙"部可活动

玉鹰头部

玉雕头像①像头顶平冠,下有两翼张开,如同飞鸟展翅。眼睛凸起,耳朵宽大,口吐獠牙,也许是先民希望看得更远、听得更清。它的造型与"三星堆"青铜人像颇为相似,也许长江流域的先民们交流远比我们想象的更加频繁。

这两件玉雕头像,一件写实,一件神秘。他们可能是先民们崇拜的人物形象,说不定还是我们的某个祖先形象。

玉虎

玉虎也是石家河遗址出土较多的玉件之一,耳部有孔可穿绳佩戴。这些玉器从凤、鹰题材到虎题材,还有蝉题材,分别展现出史前古人类关于天、地、地下事物的观察与认识。

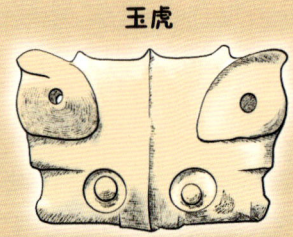

玉虎

玉雕头像②

石家河出土的这批玉器颇具偶然性。考古人员原本在寻找大型建筑遗存，意外发现几具陶瓮棺，从中清理出大量玉器，其工艺让考古人员颇为震惊，一度质疑其是否真的为新石器时代产物。

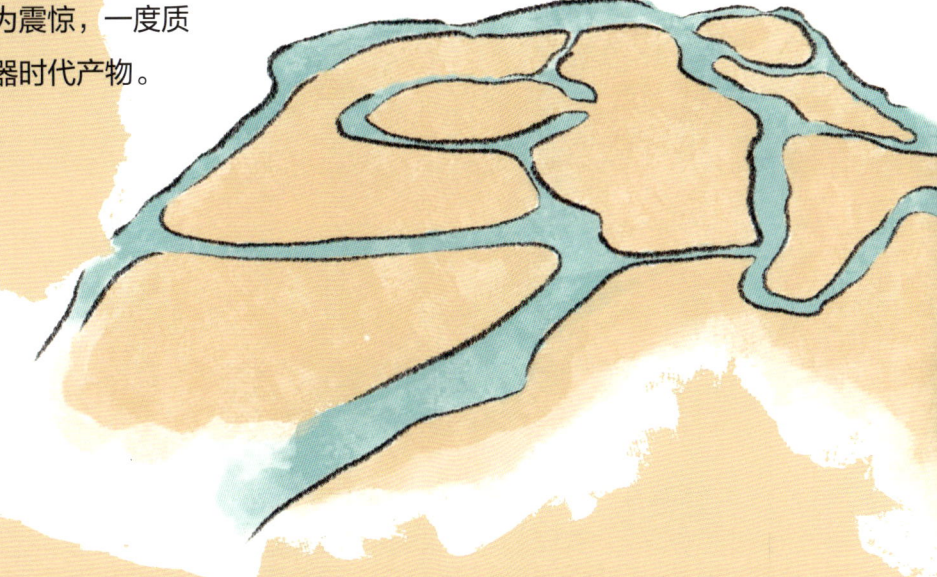

石之美者

玉文化在中国有着悠久的历史，可追溯至新石器时代。人类在打制和磨制石器的过程中发现玉并将玉从石中挑选出来用于制作配饰等。石家河出土的玉器大多尺寸较小，在雕琢工艺方面却极尽炫技，证明那时的玉石加工技术已炉火纯青。

古人将玉视作美好的象征，在文字诞生后，"玉"字也寓意珍惜和美好，如成语"亭亭玉立""琼浆玉液""锦衣玉食""如花似玉"等。

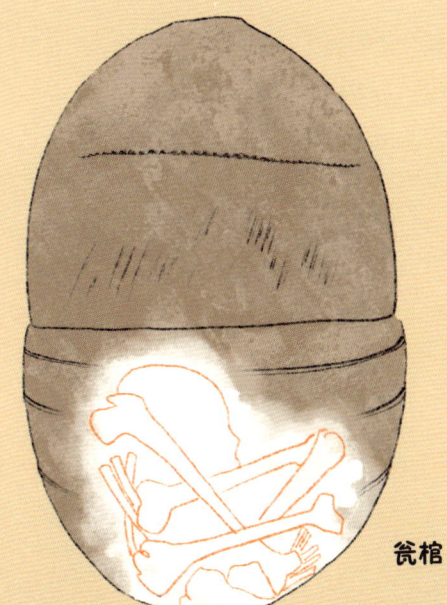
瓮棺

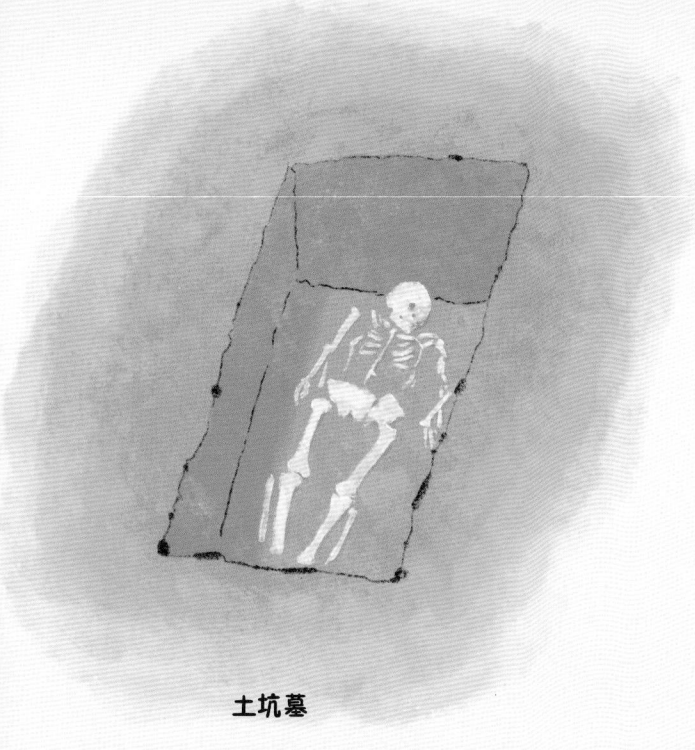

土坑墓

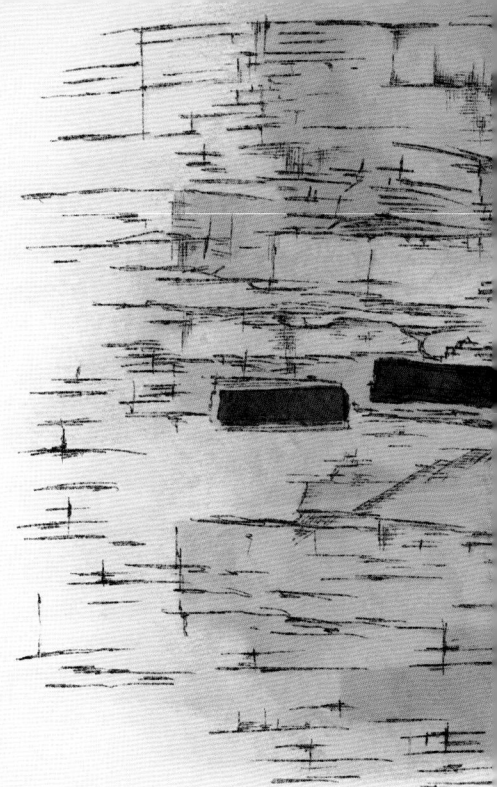

逝者

最初的时候，人类没有埋葬逝者的行为习俗，随着人类智力的发展，埋葬和祭祀的习俗逐渐出现。

船棺葬

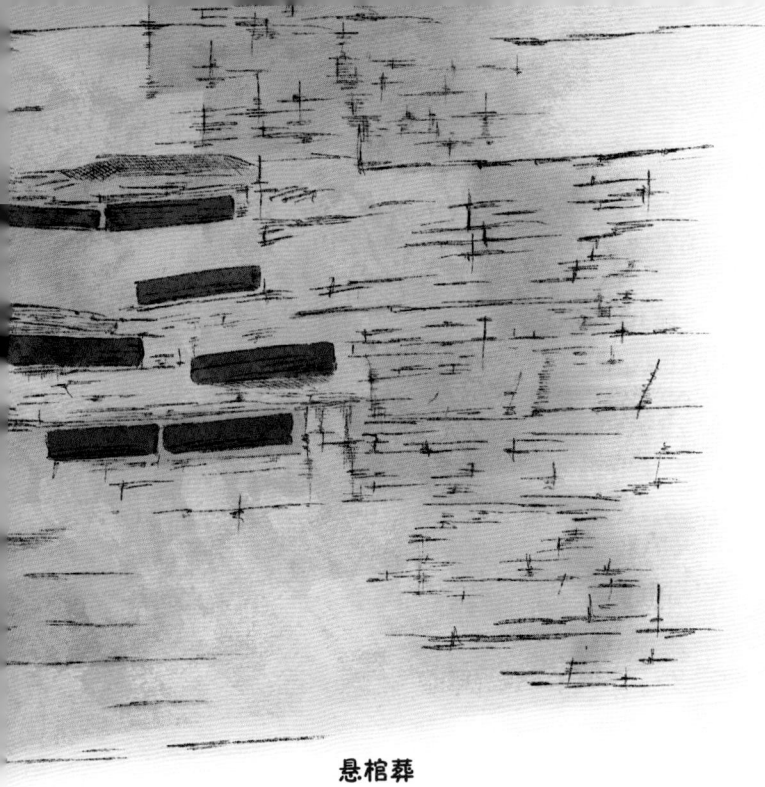

悬棺葬

远古时代，人类还无法理解自己的身体构造，且受到梦中景象影响，认为肉体和精神是分离的，肉体消亡，灵魂会脱离肉体永远独立存在，去往另一个世界。瓮棺葬是早期的一种葬俗。有学者认为，"陶瓮"是模仿母亲生育时肚子的形状，让逝人回到出生时的地方，并在上方穿孔，让其灵魂自由出入，仿佛从未离去。

深秋的石家河，秋风带走了春天的明媚爽朗和夏天的生机勃勃，人们突然怀念起逝者，悲哀和思念不免涌上心头。他们不愿逝去的同伴在自然界中像动物一般慢慢分解，而用一场"仪式"来作最后的告别，让他们换种方式"沉睡"。

砖室墓

"中华文明起源不似一支蜡烛,而像满天星斗"

距今 5000 年是一个神奇的时间节点,中华大地群星闪耀,数以千计的新石器时代遗址如满天星斗,考古学家称这个阶段为"古国时代"。石家河遗址与长江下游的浙江良渚遗址,黄河中游的陕西石峁遗址、山西陶寺遗址、河南双槐树遗址等,是中华文明起源的重要见证,在中华文明形成之初的关键时期扮演了重要角色,触动催生着早期中国的形成与发展。

随着区域间的不断交流融合,所有地区都不同程度参与着此后"华夏文明"的构建,不断发展形成了广域中国的多元基础。

一个月明星稀、更加伟大的青铜时代即将来临!

长江自西向东川流而过,汉水由北向南汇入长江,将长江中游地区分割成3个相对集中的区域,不同区域内新石器时代遗址分布如满天星斗,20余座史前城址规律排列其中。这里也是中国境内最早出现城址的地区,且分布集中。

石家河遗址位于江汉平原北部。曾经的江汉平原上河道纵横交错、湖泊星罗棋布,被称为"云梦泽"。随着泥沙的不断沉积,人口的繁衍,土地的围垦开发,"云梦泽"随之缩减消亡。

石峁遗址,黄河史前双雄之一,面积约420万平方米,规模最大的史前石筑城址(约6个故宫大小),出土了数以万计的玉器、陶器、骨器、石雕石刻、彩绘壁画等珍贵文物。

石峁遗址

陶寺遗址,黄河史前双雄之一,面积约280万平方米,发现有最早的冰窖、天文台及大量精美的陶器、玉器以及史前非常少见的乐器等。

陶寺遗址

双槐树遗址,"河洛古国",残存面积约117万平方米,黄河中游同时期最高等级的遗址,被称为"早期中华文明的胚胎"。

双槐树遗址

石家河遗址

良渚遗址

良渚遗址,世界文化遗产,面积近300万平方米,中华5000多年文明史的实证。外围水利系统是中国最早的大型水利工程,也是世界最早的水坝。

   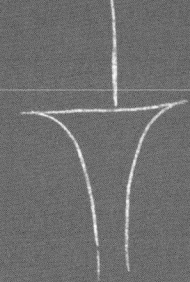

发挥你的想象,猜猜先民们刻下的符号代表着什么?
参考答案见本页右下角。

石家河文化的陶器刻画符号以象形符号为主,大多以简练的笔画勾勒出某一事物的外部形态。先民们以天地万物为素材,于自然中汲取灵感,今天的我们无从知晓这些刻画符号的确切含义。新石器时代并无文字记载,对这段历史的了解全部来自考古发现,也许在不远的将来,这些文明密码将在你们手中得到破译。

    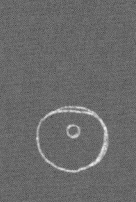 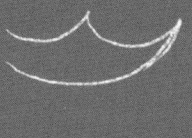 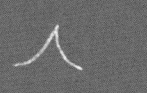 

第一排从左至右:日月　号角　凤鸟　祼(guàn)祭(一种祭祀方式)

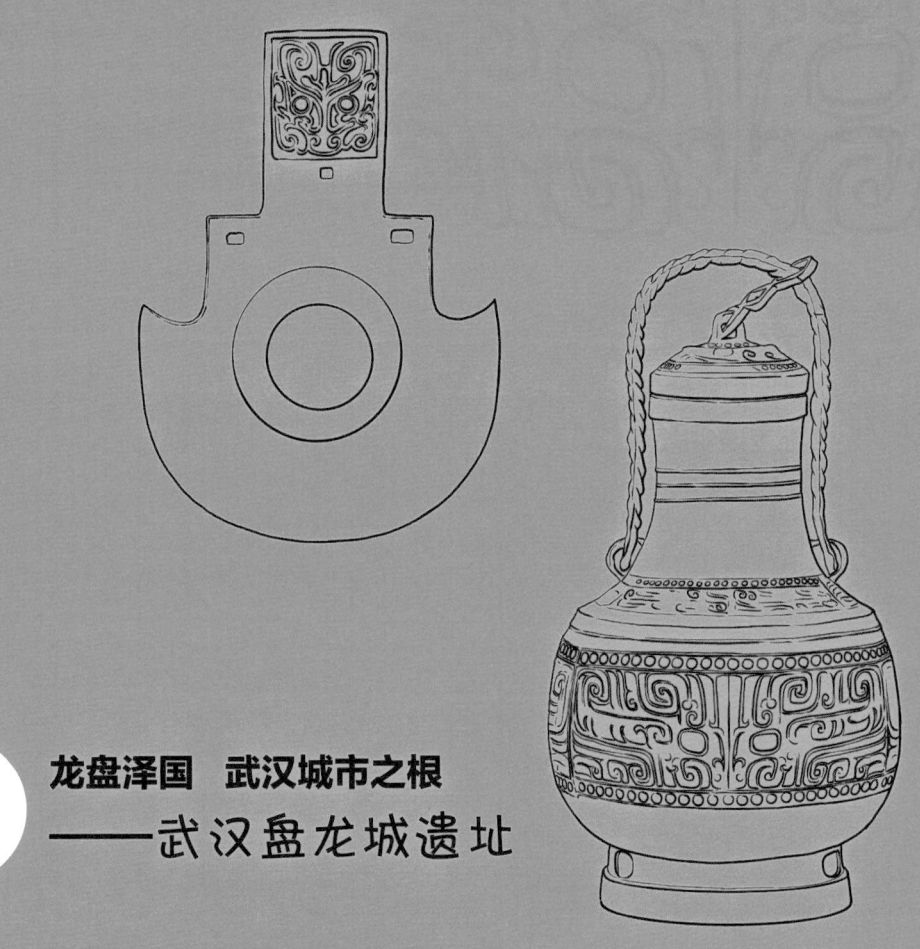

4 龙盘泽国 武汉城市之根
——武汉盘龙城遗址

　　一场大洪水让"巨龙现身",十年如一日的考古发掘让盘龙古城得以重现在人们面前。谁能想到平平无奇的泥土下竟是数千年前恢宏的商代城址,杂草丛生之下竟是统治者的朝堂、寝宫……

　　让我们重新认识这片熟悉的土地,一起走进"武汉城市之根"——盘龙城遗址。

"天命玄鸟,降而生商"

　　传说一位名为简狄的年轻女孩在河边沐浴,突然一只玄鸟飞过产下了一枚卵,简狄吞下这枚卵后怀孕生下了名为"契"的男孩。这个男孩日后成为了商族首领,被尊奉为商人始祖。

　　这是《诗经》中"玄鸟生商"的神奇故事。对于商王朝,古文献中的只言片语只反映了它的大致方位,而自 20 世纪 20 年代末起,通过考古先后发现殷墟、郑州商城、偃师商城等一批商代重要遗址,终于揭晓传说中神秘王朝的动人细节,向世人展示了中华文明早期发展阶段最为辉煌的殷商文明时代。

甲骨中的"商"

1899年河南省安阳县农田中不断有一些骨骼化石被发现,并被村民当作中药材"龙骨"卖给药店。清朝官员王懿荣无意中观察到一些"龙骨"上刻有奇怪符号,他认为这些符号非比寻常,这便是我们如今所知的"甲骨文"。

随后考古学家开始了对这批"龙骨"的调查,接下来的几十年陆续发掘出土了大量甲骨、青铜器、陶器、玉石器等各类珍贵文物,其中甲骨总数量数十万件,文字内容涉及商代政治与生活的各方面,揭开了古史记载中商王朝的神秘面纱。

盘龙现世

1954年,武汉遭遇特大洪水,人们在盘龙湖附近取土筑堤时无意发现古文化遗迹现象,等到洪水退去,文物部门立即赶赴现场……

长江流域的"商城"

考古人员通过查阅文献资料、实地调查,发现盘龙湖附近极有可能存在古代城址。1963年至今,通过持续考古发掘研究确认此处为商代城址,被命名为"盘龙城遗址"。

很长一段时间,人们认为商王朝的统治大多集中于黄河流域,盘龙城的发现,表明以黄河流域为核心的商文化已在长江中游建立重要据点,以便于进一步控制长江流域,扩大其势力范围。

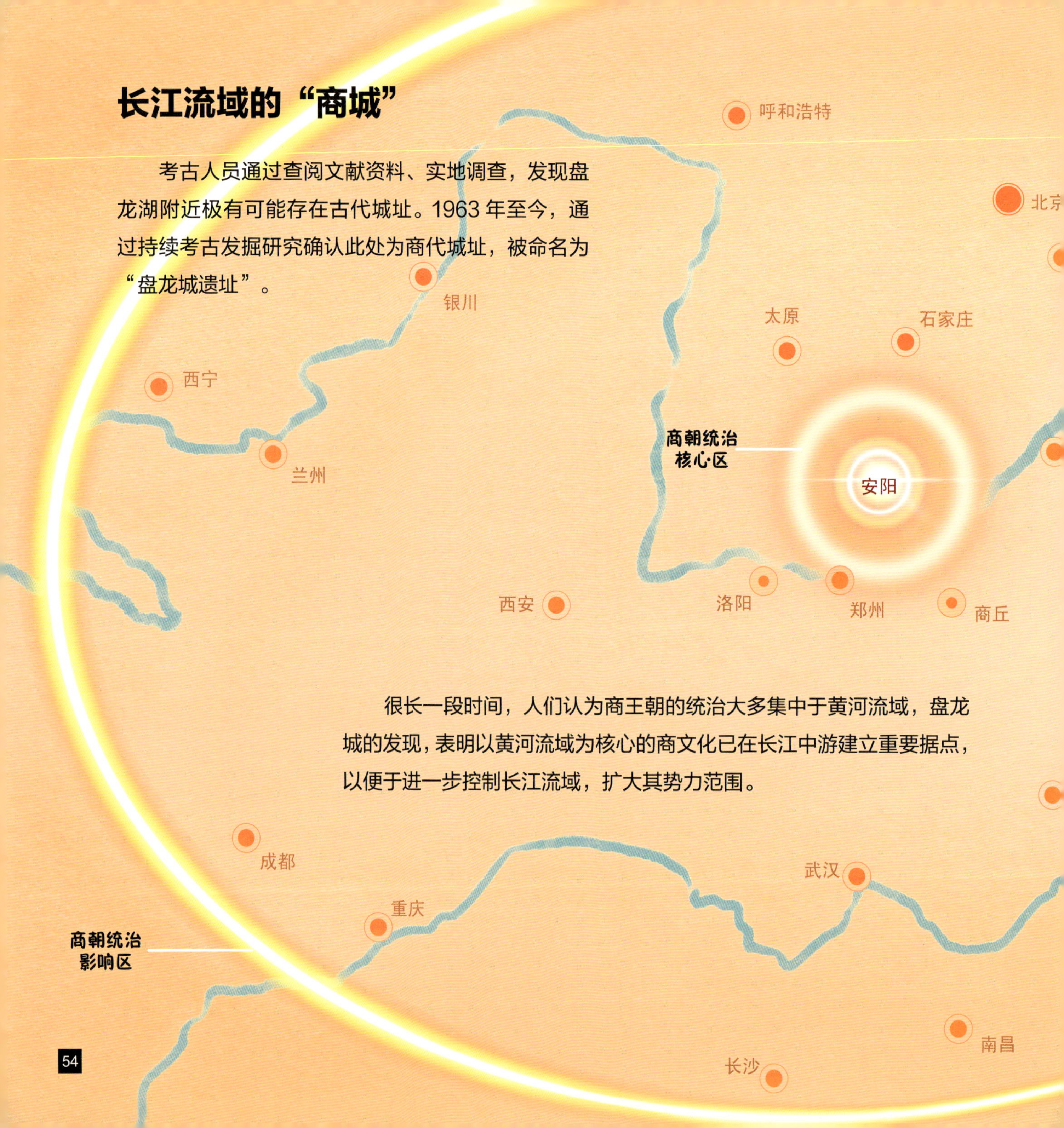

商朝统治核心区 —— 安阳

商朝统治影响区

考古研究表明，盘龙城历经初建期、繁盛期、衰退期3个阶段，持续时间约300年，其繁盛阶段出现城址形态，建有大型宫殿、高等级墓葬等。城垣长260～290米，底部宽18～45米，现存高度只剩下3米左右，推测1954年取土筑堤之前应有8米左右。

宫殿建筑

繁盛阶段，盘龙城统治者大兴土木，除了兴建夯土城墙，还修筑了大型宫殿建筑。考古人员发现两座建筑基址，其中一处分为4间，另一处不分间，似厅堂式建筑，构成"前朝后寝"的格局。

在建筑西侧，考古人员还发现有陶质排水管，管直径24厘米，单节长50厘米左右。

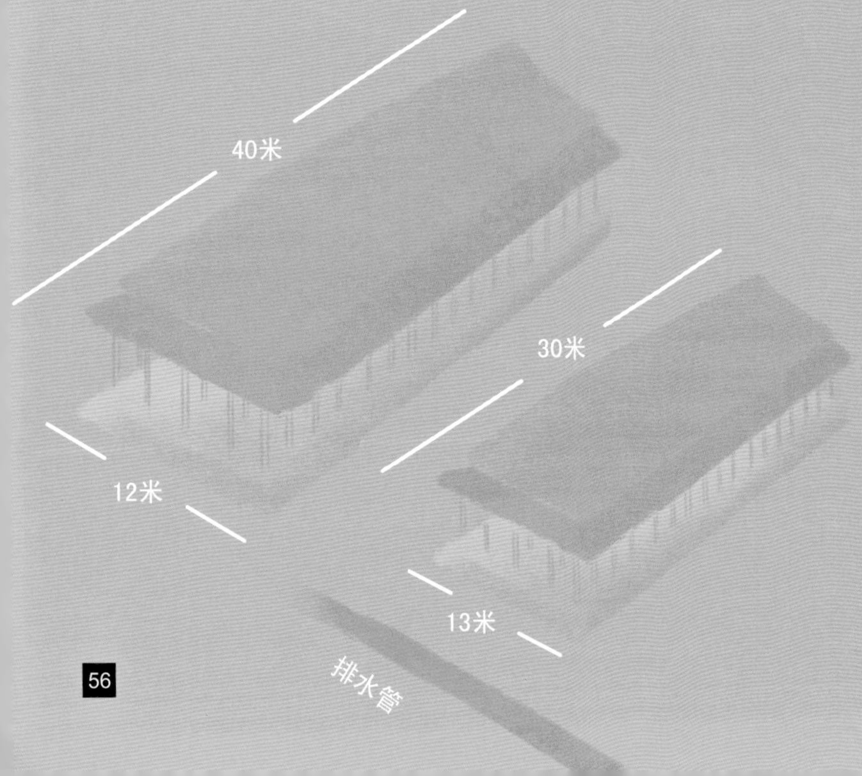

40米

30米

12米

13米

排水管

宫殿建筑如何被考古发现？

古人建房时，无论是半地穴房屋还是地面建筑，为了承重，一般会在地面（地基）上挖洞埋柱。

建筑废弃后，洞内柱子腐朽成灰，便会与周边土壤产生区别，且在底部往往存在垫石等，考古人员称其为"柱洞"及"柱础石"。

1974年，考古人员在城东北部进行考古发掘，排列规律的柱洞及柱础石接连被发现，台基、墙基、回廊、散水……两座大型建筑徐徐呈现在考古人员面前。

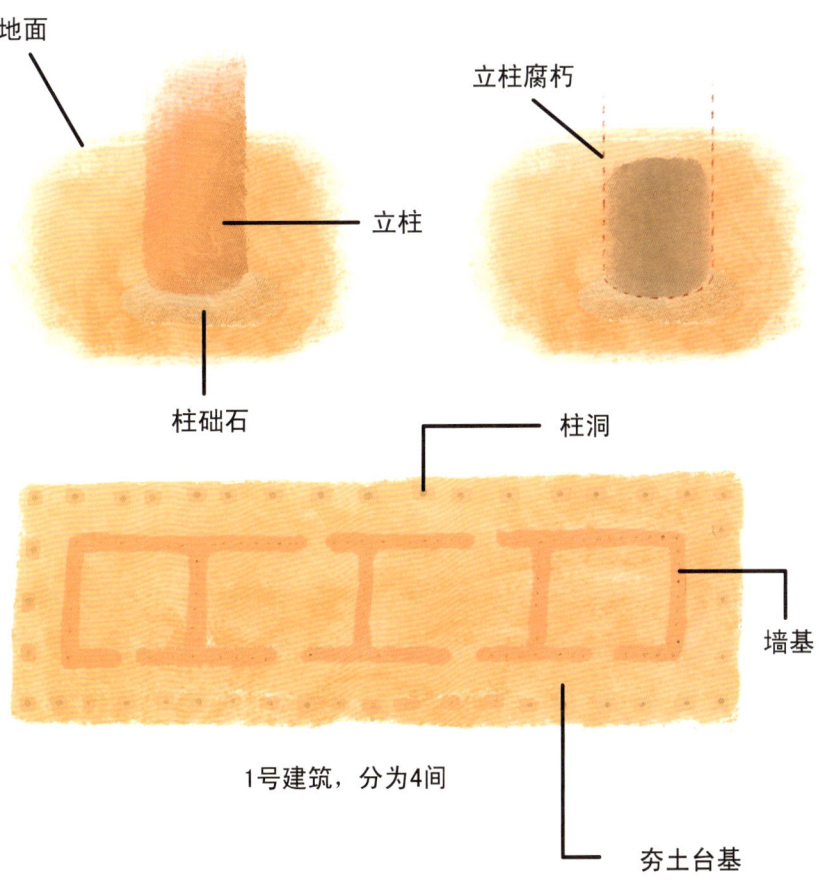

1号建筑，分为4间

2号建筑，不分间

青铜簋

青铜大圆鼎

青铜觚

青铜钺

青铜斝

青铜卣

青铜爵

商早期出土青铜器最多的遗址

盘龙城遗址是商代早期长江中游地区等级最高的城址，为长江流域青铜文明的重要发源地。考古发掘出土了数量众多的商代青铜器，其中一件青铜大圆鼎是目前所见同时期最大圆鼎。

吉金

古代青铜器为铜、锡、铅合金。刚铸出的青铜器颜色接近金色，根据比例及烧制工艺不同呈现出些许差异，古代称其为"吉金"，由于长期埋藏而形成锈蚀，现大多呈现青灰色。

碎器葬

考古人员在发掘过程中观察到一个奇怪现象，盘龙城墓葬中常发现一些破碎的随葬品，这些器物明显是被人为打击或掰弯所致。这是当地流行的碎器葬俗，他们将玉器、青铜器等随葬品敲破或敲碎，有的兵器被掰弯，在埋葬过程中依次抛撒在墓室的不同位置。

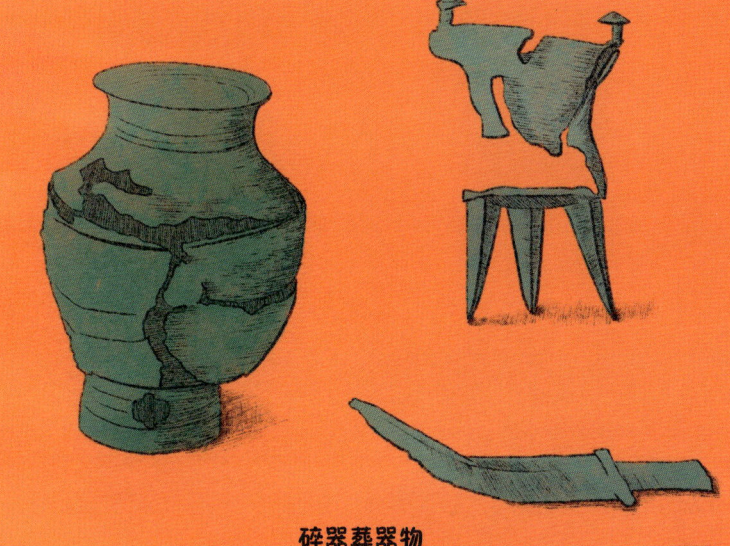

碎器葬器物

文字

　　商代是中国文字形成和发展的重要时期，是中国历史上第一个有文字记载的王朝。文字的诞生突破了语言交流在时间和空间上的局限，推动了人类文明的进步与发展。

　　商人流行占卜，甲骨文的主要作用就是记录占卜的内容和结果。随着青铜器的大发展，人们开始在青铜器上铸刻铭文，这些青铜器上的文字被人们称为"金文"。

青铜器及纹饰

商代是中国青铜器发展的第一个高峰,数量众多、形制多样、工艺精湛。这时期的青铜器光怪陆离、神秘莫测,器身纹饰遍布神灵异兽。盘龙城出土众多精品青铜器,除了商早期最大的青铜圆鼎外,还发现了最大的青铜钺。

兽面纹(饕餮纹)是商代最重要的礼器纹饰。商人崇拜鬼神,统治阶级根据人们对自然、神灵的敬畏创造了极具威慑力的兽面纹饰,控制着人们的思想,稳固自己的统治。

嗜酒

商人祭拜神祇和魂灵,必用酒。酒精可以刺激人的神经,让人兴奋,醉酒或许可以让人进入迷幻状态,以达到古人"通神"的目的。有酒就必然用到酒器,商代青铜礼器中酒礼器最多,因此青铜酒礼器就成了殷商文明最为重要的礼器类型。

绿松石

中国是目前世界上绿松石产量最为丰富的国家，而湖北是中国绿松石最主要的产地。

考古所见最早的绿松石来自河南贾湖遗址，距今约 9000 年。

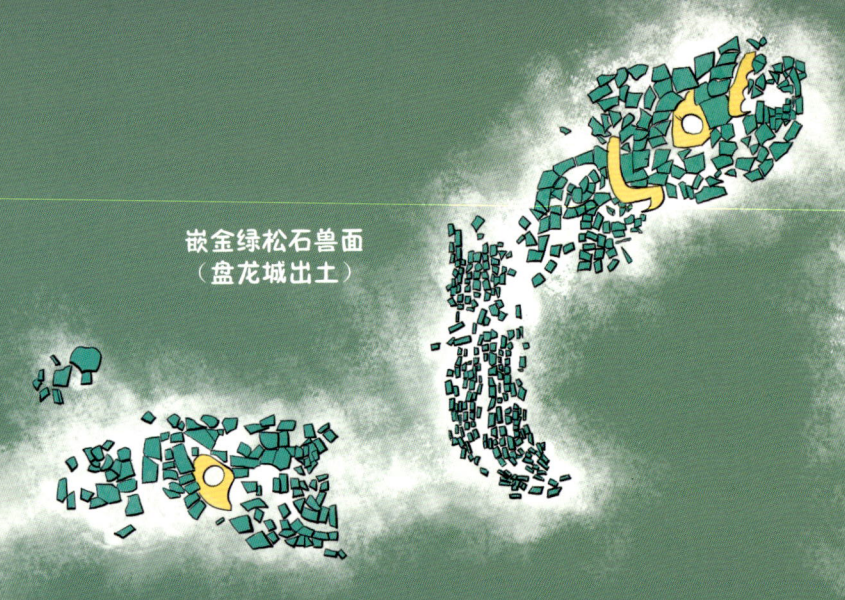

嵌金绿松石兽面
（盘龙城出土）

嵌绿松石铜牌饰

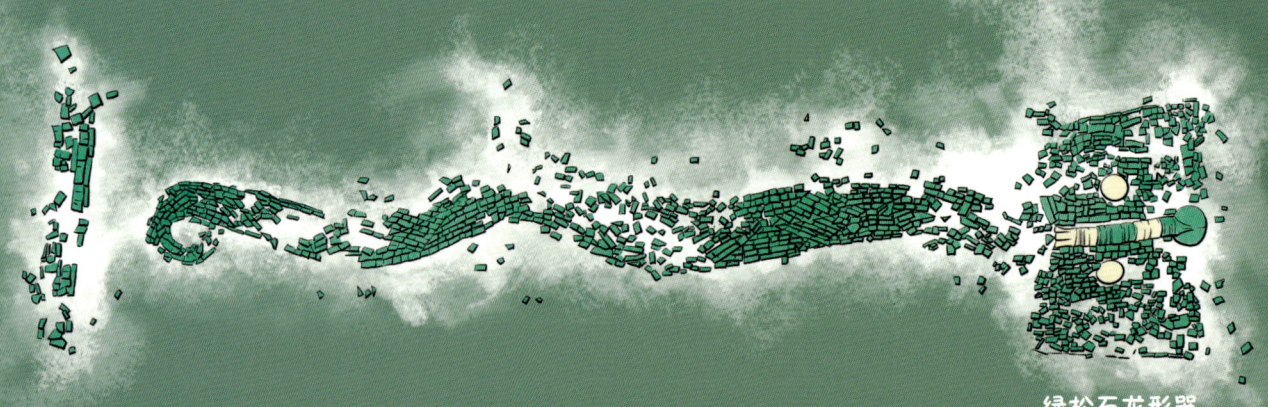

绿松石龙形器

夏都遗物

河南二里头遗址先后出土有嵌绿松石铜牌饰和绿松石龙形器。嵌绿松石铜牌饰以青铜为主体，300 余片大小只有几毫米、厚度极薄的绿松石片中轴对称拼合镶嵌，历经数千年毫无松动。绿松石龙形器由 2000 余片仅有几毫米大小的绿松石片组合而成。

盘龙城绿松石器

盘龙城出土的一件嵌金绿松石兽面是迄今发现最早的金玉镶嵌饰件。兽面的眉毛、眼睛、牙齿、额饰、眉间由金片构成,身体由绿松石片组成。根据实验室考古分析饰件周边有机物痕迹推断,整个饰件应为一对称展开的兽面饰件。

地理位置

武汉历来就有"九省通衢"之誉。盘龙城遗址周边水网发达,以长江为依托贯通东西,多条水系自北部汇聚于此,形成了其沟通南北、连接东西的重要地理位置,便利的交通对于商王朝的统治与获取南方资源具有战略意义。

盘龙城出土商代最大玉戈
(长约 94 厘米)

盘龙城青铜面具

盘龙城有领玉璧

  自 20 世纪 50 年代发现盘龙城迹象至今，盘龙城考古发掘与研究仍在不断进行当中。它除了是迄今为止商早期出土青铜器最多的遗址，还是迄今为止出土玉器最多的遗址、长江中游等级最高的城址，发现有最大的青铜圆鼎、最大的玉戈、最大的有领玉璧、中原文化最早的青铜剑、最早的绿松石金饰件等重大考古成果。"昔有成汤，自彼氐羌，莫敢不来享，莫敢不来王。"随着现代考古科技手段的不断丰富，未来盘龙城定将重现那个传说中的商王朝更加鲜活生动的面貌！

考古趣事

  科技考古成果显示，盘龙城区域现代水位较 3500 多年前至少升高了 8 米，意味着大量的商代遗迹被现在的湖水所淹没。盘龙城遗址附近有一片区域被考古人员戏称为"鸭子考古胜地"，因为早期当地村民曾在此处养鸭，成群结队的鸭子在湖边啄来啄去，常把地下的文物翻出来，待枯水期时，这些文物迹象便暴露在地表。

5 探寻青铜文明之源
——大冶铜绿山古铜矿遗址

青铜,人类对金属利用的开端,一个辉煌时代的文明符号,它的利用大大加快了人类文明的进程,它也由此成为先秦时期国家核心的战略资源。

1973年,在这个以"冶"命名的城市,神秘青铜巨斧、密布地下的巷道、神秘的足印接连被考古人员发现……地下究竟埋藏着什么秘密?

楚王赐金

《左传》记载：郑伯始朝于楚，楚子赐之金，既而悔之，与之盟曰："无以铸兵。"故以铸三钟。

公元前642年，郑国君主郑文公前来朝见楚成王，对楚国表示臣服。楚成王一时兴起，决定赠予郑国一批铜。可当郑文公准备返程离开楚宫之际，楚成王突然为自己的这个决定后悔了，他不顾礼节，派使者拦住郑文公返程的队伍，与郑文公约定，这批铜只能用来铸礼器，而不能用来铸兵器，所以郑文公用它铸造了三座钟。

大兴炉冶

地处长江中游的湖北黄石，自古就是一座矿冶之城，辖区内的大冶市之名便来源于古籍记载"天地为大炉，造化为大冶"。

> 铜绿山……山顶高平，巨石对峙，每骤雨过时，有铜绿如雪花小豆点缀土石之上，故名。

《大冶县志》关于"铜绿山"的记载。

地下迷宫

1973年的一天，铜绿山采矿现场正热火朝天地施工作业。突然，随着一阵巨响，土石飞扬，一条条纵横交错的地下井巷暴露在工人们面前，这一奇怪现象引起了矿山负责人的重视。经考古人员现场调查初步认定，这极有可能是古代一处大型采矿遗址。

在实地调查时,考古人员通过附近的村民得知,他们常在土中挖出一些木材,因当时不知其用处,就拿回家当柴火烧。奇怪的是这种木材燃烧火焰呈蓝色且没有烟尘。经专家分析,只有一些质量较高的炭燃烧火焰为蓝色,这些埋在土中的木材应为古人遗留,因多年埋于地下而近成炭。

中华第一斧

　　一同被考古人员发现的还有 13 把大小不一的铜斧,有的铜斧出土时仍保留有木质把柄,其中最大的一件重达 16.3 公斤(1 公斤 =1 千克),被称为"中华第一斧"。如此巨大的铜斧到底是作何用?一时间众说纷纭。

巨大产量

在铜绿山古铜矿遗址附近还发现有近 40 万吨炼铜炉渣,检测显示其炼铜技术已接近现代水平。种种迹象表明,这是一处春秋战国时期的古铜矿遗址。根据发现的炼渣推测,古代这里累计产铜 12 万吨左右,这意味着在那个冷兵器时代,这里的资源可铸造 2.4 亿件铜戈或 6000 万把青铜剑!

竖井

遗址内发现多条地下采矿井巷。据推测,古人先根据地表迹象找寻疑似矿脉,然后打下一个又一个竖井,一旦捕捉到富含铜矿的矿脉,就采用平巷开采,通过铺设方框形支架对四周起支护作用,防止垮塌。部分矿井历经 2000 余年漫长岁月仍被保留下来。

平巷

神奇铜草花

2000多年前一个深秋的黄昏,几名寻矿工人正在铜绿山一带穿梭,大家身影佝偻,面容疲惫,恐怕又将无功而返。突然,队员们发现在一个山头长着成片的紫色小花,这让大家喜出望外,因为这是一种喜铜植物,经验表明它生长在哪里,哪里的地下就有着珍贵的铜矿资源。

铜草花

寻矿

古籍《地镜图》记载:"山上有葱,下有银;山上有薤,下有金;山上有姜,下有铜锡。"说明古人早就通过对大自然的观察注意到植物与矿物的关系。

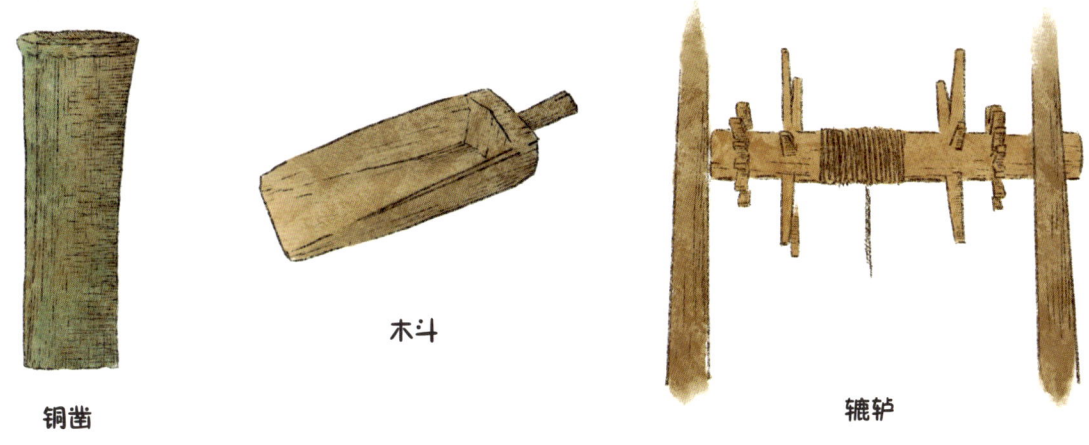

铜凿　　木斗　　辘轳

采矿

考古发现表明，2000 多年前的古人已能够将矿井深入地表以下 60 余米。他们还发明了一套探矿工具，当地下矿脉走向不明时，将不同方向的矿物捣碎装入木斗中淘洗，然后进行对比，最后选择合适方位继续开采。随着采矿深入地下，古矿工还解决了通风、排水、照明等关键问题。铜绿山古铜矿遗址是目前我国乃至世界上仅存的一处井下采矿遗址，有力地反驳了曾经流行一时的"青铜文化外来说"。

冶矿

古人找到铜矿资源并有效开采后，就必然要进行冶炼。考古人员通过发掘，清理出多处春秋战国时期鼓风冶铜炉，经检测分析，当时已经具备了极高的冶炼技术。

根据出土文物判断，铜绿山古铜矿在春秋时期已被楚国所控制。回想 2000 多年前大冶铜绿山"天地一炉"的盛大冶炼场景，无数楚国工匠用智慧和汗水造就了令后世惊叹的楚国青铜文化瑰宝。由此获得的青铜原料，被铸造成坚兵利甲协助楚国开疆拓土，成为春秋五霸、战国七雄，一度饮马黄河、问鼎中原。

鼓风冶铜竖炉

如今,诸侯争霸、金戈铁马的故事已成传说,但通过考古人员的手铲,它们穿越 2000 多年再次展现在世人面前,向我们诉说着千年炉火的不朽传奇。

从春秋五霸到战国七雄

楚国先民在建国之初,从中原被驱至蛮夷之地,环境恶劣,资源有限。在复杂残酷的条件下,他们披荆斩棘、励精图治,至楚庄王时期一鸣惊人成为春秋五霸之一。随后经过旷日持久的争霸战争,周王朝境内诸侯国数量大减,天下共主的周王室已名存实亡。到战国时,形成了齐、魏、赵、韩、秦、楚、燕七国争雄的局面,史称战国七雄。

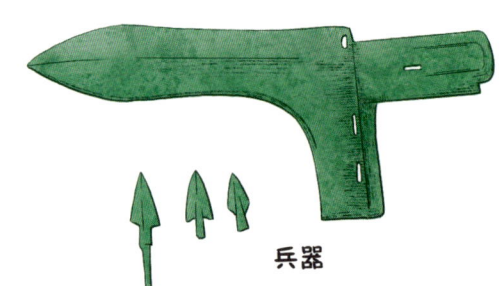
兵器

玉器

千年足印

2012年盛夏,铜绿山考古工地上,一名考古人员蹲在地面端详几处痕迹,尽管有着丰富的发掘经验,他一时也无法确认这到底是因何留下的。直到考古队长到达现场,经过仔细辨认,提出一个大胆推测:"这是人类脚印!"随后考古人员又在周边共发掘确认35个脚印,最大的脚印相当于现在42码鞋子大小,推测为2000多年前的矿工脚印。

透物见人

更为难得的是,在铜绿山遗址还发掘了一批(123座)西周—东周时期的珍贵墓葬。这些墓葬有的出土了青铜器和玉器,应为矿场中层管理者墓;另外一些墓出土了组合陶器及少量青铜容器、工具和武器,应为中低级技工或士兵墓;多数墓葬既无葬具又无随葬品,仅发现有矿石及冶炼工具,逝者应为从事矿冶生产的苦工。

多年考古研究展示了中国古代矿冶技术的先进水平,2015年该遗址入选全国十大考古新发现。2023年6月,铜绿山古铜矿遗址博物馆新馆开馆。

绿松石

铜矿石

⑥ 北有"兵马俑" 南有"熊家冢"
——荆州熊家冢遗址

"北有兵马俑，南有熊家冢。"

熊家冢是一处距楚国故都纪南城约 26 千米，迄今发现的东周时期规格最高、布局最完整的楚王墓地。

考古人员在这里究竟发现了什么让其能与秦兵马俑相提并论？让我们一起走进 2000 多年前的楚王世界……

秦始皇陵兵马俑

1974年,一个庞大的"地下军团"破土而出,这就是被誉为世界八大奇迹之一的"秦兵马俑"。

如今我们看到的兵马俑大多为土黄色,但其刚出土呈现在考古人员面前时,却是身着彩绘,栩栩如生,这主要是因为接触空气氧化,俑身色彩脱落殆尽。这些形态逼真、千人千面的陶俑和威武严整的军阵作为秦始皇陵的重要组成部分,他们当初的模样是何等壮观可想而知,也正因如此,秦兵马俑一经出土便引起全世界广泛关注。

神秘的马骨

在秦始皇陵的兵马俑震惊世人之时，5 年后的湖北荆州，工人们取土修建水库干渠时，突然挖出了马匹白骨，接着还有马车部件……引起了当地考古人员的关注。

1979—2001 年，考古人员先后在此进行了大规模的考古调查和勘探，确定这是一处高等级楚国贵族墓地，且规模宏大，被命名为"熊家冢遗址"。

现代马衔扣装饰

"马衔"放置在马口中，通过缰绳连接，用以控制马行进的速度和方向。如今一些服饰及鞋履上"马衔扣"装饰的灵感就是源于它。

马衔、马镳

熊家冢出土的"节约"上残存金箔

"节约"主要用来节制和约束马身上的络带，也引申出今天"节约"一词。

熊家冢遗址由主冢、副冢、殉葬墓、车马坑、祭祀坑与附属建筑6个部分组成。历经2000多年风雨，主冢封土直径仍超过100米，据专家推测，实际高度应在15米左右。主冢殉葬墓92座，副冢殉葬墓46座，全部为人殉墓。西侧发掘出一座133米长、12米宽的特大型车马坑和排列有序的30多座小型车马坑，根据规模基本判定熊家冢是春秋战国时期的一座楚王墓。

和兵马俑相比，熊家冢车马坑要早200余年，且为真车马殉葬。1号车马坑发掘出43辆马车、164匹战马，其中有3辆车均超规格配备6匹马。车马坑约有三分之一未发掘，按中轴对称的特点，推测共葬车辆66辆，马匹258匹，为迄今为止中国考古史上发现的最大车马坑。

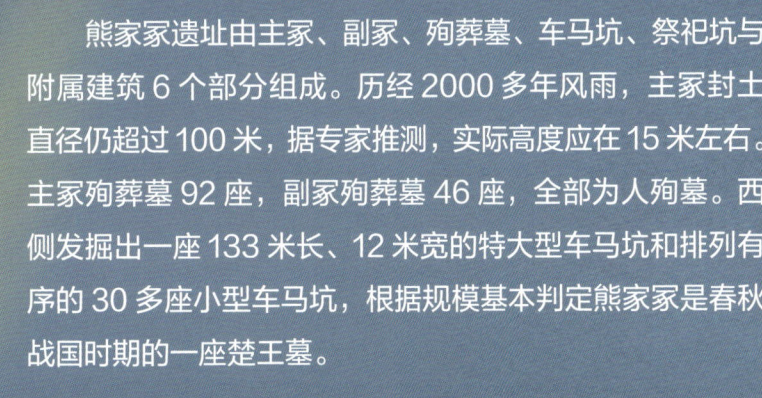

殉葬区内唯一一个殉狗墓，可能为楚王生前心爱猎犬。

主冢殉葬墓群

车型

根据出土车辆形制主要分为礼仪车、战车、辎重车、配件备用车4种。

战车

战车没有伞盖，以便于战士站立作战。

礼仪车

礼仪车装有伞盖并配有6匹马。

辎重车没有车厢，车梁比一般车要长，便于摆放物资。

辎重车

出土时车身上的装饰痕迹

车马坑内出土车马器部分装饰金箔及玉片，车身饰有彩绘，虽已过2000多年，出土时花纹仍清晰可见。位于车马坑最北端还有一驾车与众不同，其体型巨大，在其旁边出土了200多件车马配件，推测为配件备用车。

天子驾六

先秦古籍记载："天子驾六，诸侯驾五……"熊家冢车马坑里的马车达到了天子座驾的标准。

迄今为止，我国考古仅发现了6处驾六马车遗迹。熊家冢车马坑的发现，印证了楚国当年为"千乘之国"。

龙形玉佩

龙形玉佩

长约 26 厘米，宽约 7 厘米，厚约 0.5 厘米。身躯细长，龙回首摆尾，躯干刻云纹。

螭纹镂雕玉璧

螭纹镂雕玉璧

直径约 10.5 厘米，厚约 0.5 厘米。由内外两环和环间透雕的 11 条蟠螭组成，饰有云纹。

苍璧礼天

玉璧最早产生于新石器时代，是沿用时间最长的玉器。在商周时期，玉璧被古人当作祭天的礼器。迄今为止，熊家家出土玉器中玉璧数量最多，而历史典故"完璧归赵"中的和氏璧就源于楚国。

龙凤玉璧

龙凤形玉佩

龙凤形玉佩

长约 13 厘米，宽约 9 厘米，厚约 0.4 厘米。饰一龙一凤形，龙身蜷曲卷尾，躯干刻云纹，凤栖于龙尾部，凤身刻羽纹，其形状与繁体的"龍"字形如出一辙。

双龙拱璧形玉佩

长 11.3 厘米，宽 6.6 厘米，厚 0.4 厘米。主体为两龙，合力拱卫一椭圆形璧，两龙首外侧各饰一只向外卷曲的小凤，圆目长冠。

楚玉

春秋战国时期，玉器是贵族身份地位的象征。熊家冢出土器物中玉器占 90% 以上，其种类繁多，材质优异，制作精巧，证明了楚玉文化的博大精深。出土玉器中有大量组玉佩。组玉佩是服饰的组成部分，系挂于腰间或颈项，所佩戴组玉佩的复杂程度往往代表着主人身份的等级高低。

双龙拱璧形玉佩

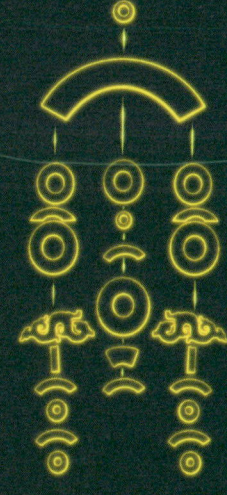

神人乘龙形佩

神人乘龙形佩

长约12厘米，宽约8厘米，厚约0.4厘米。一龙一人形，龙躯干刻云纹、谷纹，龙身一侧有一人倚立。

人物御龙帛画

人物御龙帛画

神人乘龙形佩让人联想到另一件战国文物,出土于长沙楚墓的人物御龙帛画。画中人物侧身站立,眼神坚定,身着华服御龙而行,其头顶华盖,飘带随风拂动,长剑在腰,手中缰绳被拉得笔直,龙昂首卷尾,弓身成舟迎风前进,下有一鱼游曳领航,龙尾仙鹤矗立,仰首向天,生动传神。

楚王

"保护为主、抢救第一、合理利用、加强管理"是我国现行文物工作的基本方针,"不主动发掘帝王陵墓"是考古行业的基本原则,所以熊家冢主、副冢均以原地保护为主,不进行考古发掘。这里究竟沉睡着哪一位楚王,目前还是一个谜。

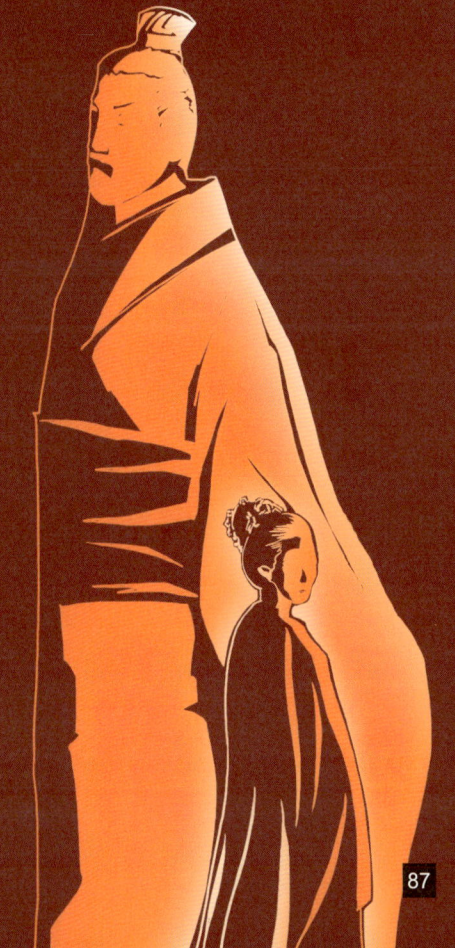

楚姓

据《江陵地名志》记载:"熊家冢,因埋葬熊姓祖先而得名。"其实这里记载的熊姓祖先,指的是附近明代熊姓家族。楚王以芈为姓,以熊为氏,如楚国初代君主"熊绎"为芈姓,熊氏,名绎。虽同为"熊",且葬于一地,但却为巧合。此外,伍、屈、项、蓝、麻、钟、左、靳、景、鄂、卓、能、庄、慎(真)、敖、荆、红、上官等均为东周时期楚国贵族姓氏。

千乘之国

马车的出现改变了战争形态,此后近千年时间里车战成为古代中国大规模战争的主要形式。春秋战国时期,诸侯争霸,群雄逐鹿,千乘之国也成为国家实力强大的代名词。熊家冢遗址出土的车马阵,规模宏大,彰显了墓主人非同一般的尊贵身份。楚国曾以强大的军事实力雄踞南部半个中国,甚至一度成为当时疆域最广、"带甲百万,车千乘,骑万匹"的第一大国。

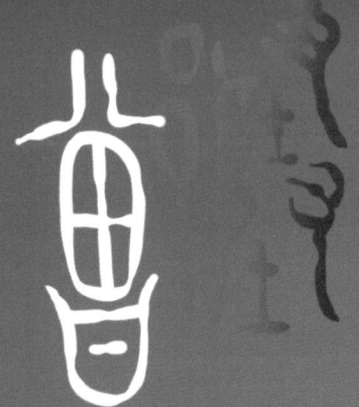

 **旷世编钟 曾随之谜**
——随州曾侯乙墓

  1978年,某单位在施工过程中发现了一座巨大古墓。考古人员通过出土器物铭文发现,这是战国时期曾国一位名叫"乙"的君主之墓,故称"曾侯乙墓"。然而研究人员并未在史籍中找到任何关于曾国的明确记载。战国时的随国境内为何埋葬着一位曾国君主?由此,考古学界开始了长达几十年的"曾随之谜"大讨论。那么真相究竟如何呢?

巨大盲盒

眼前巨大的墓室就像2000多年前的"大盲盒",其表面的木盖板最长的达10米,经长年雨水浸泡,每根都重达1吨。随着起重机依次吊开盖板,可以看到整个墓坑分为东、西、北、中4室,室内满是积水,一时无法观察。积水和淤泥之下究竟隐藏着什么,只有静心等待水抽干后一探究竟。

石破天惊

1978年,随州城郊某单位正在施工,炸药爆响、扬尘散去之时,泥土深处出现了大块的石板。这一反常现象立刻引起了施工人员的重视,爆破施工被立即叫停。经考古人员现场勘查,这里竟埋藏着一座巨大古墓。它整体呈多边形,南北16.5米、东西21米,面积约220平方米,石板下盖有厚重严密的木盖板。根据规模,考古人员初步判定这是一处战国时期的贵族墓。

第一件文物

平静的水面上,人们突然发现一只黑色"鸭子"悠哉游来,原来是一件"鸭"形(实为鸳鸯)漆盒。它似乎在水里沉睡了 2000 多年,早已迫不及待地想与我们见面。因其时代为东周时期,考古人员戏称它"周黑鸭"。

"蛟龙"出水

水位徐徐下降,隐约之中,三道黑影如蛟龙般在水中闪现,原来是三根方木架,下方似乎还挂着什么。随着积水彻底抽干,眼前的景象一时让在场人们惊呆了。

彩漆木雕鸳鸯形盒

水下乐宫

当水被抽干,各室的文物分布情况也清晰地呈现在人们眼前。最先露头的木架原来是一套巨大编钟,分上、中、下3层,除少数几件脱落,绝大部分钟历经2400余年依然挂在钟架上,数量达65件,且有的体型巨大,最大的一件高达1.5米,重400余斤。每件编钟都铸造精美、纹饰华丽。

在编钟旁摆放有一套石编磬,周围还发现有建鼓、漆瑟、笙、箫等各类古代乐器百余件,宛如地下乐宫。另一侧的青铜礼器成组摆设,"九鼎八簋"显示出墓主身份高贵。

"三室一厅"

根据文物分布推断,东室是墓主人的寝宫,安放着墓主人的巨大棺椁和少量陪葬棺;北室是兵器库,摆放各类兵器和甲胄;西室摆放多具陪葬棺,据研究分析陪葬的是乐舞演奏人员。

击鼓图

撞钟图

彩漆木雕鸳鸯形盒

这件"周黑鸭"是出土的首件文物，被命名为"彩漆木雕鸳鸯形盒"，其头部可以旋转，通体黑漆，遍身彩绘。漆盒上绘制有两幅乐舞图，形象地展示了战国早期宫廷乐舞的景象。漆盒左侧为"撞钟图"，右侧为"击鼓图"，被誉为编钟的古代"说明书"。

曾侯乙编钟

不断出土的文物让考古人员激动不已，在这套编钟上共发现铭文3000余字，内容为编号、记事、标音及乐律。"曾侯乙作持"5字铭文多次出现，表明了它的主人身份，这就是日后举世瞩目的礼乐重器——曾侯乙编钟。

楚王镈钟

位于编钟下层中间有一镈钟与众不同，铭文大意是说，楚惠王五十六年（公元前433年），楚国专门为曾侯乙做了这件镈钟，让曾侯永世用享。

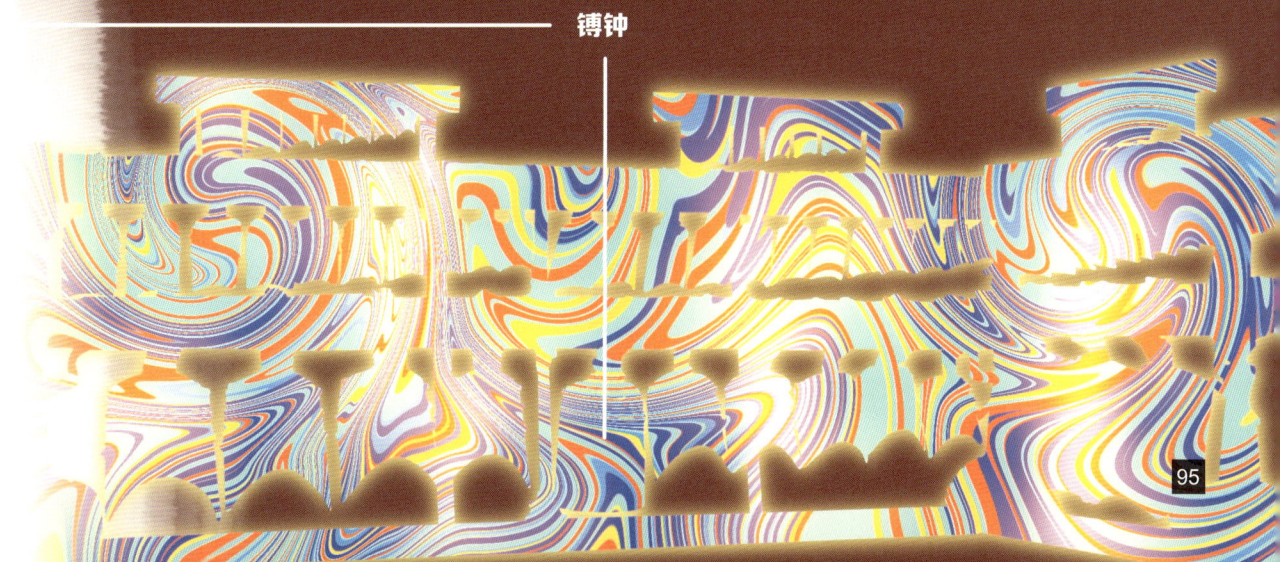

镈钟

鹿角立鹤

除了众多乐器，曾侯乙墓还出土了大量工艺登峰造极的青铜器。其中一件为鹿角立鹤，鹤引颈昂首伫立，头上生出鹿角飞扬，腹与翅连接处有蟠龙环绕，龙嘴衔翅，形态优美。其身上装饰有丰富纹样，底座四周饰满凤纹，华光溢彩。

镂空蟠龙吐舌

盘

眼部下方纹饰及铭文"曾侯乙作持用终"

足部蟠螭

鹿角立鹤

曾侯乙尊盘

曾侯乙尊盘由两件文物组成，内部为尊，外部为盘，尊内装酒，盘内装热水或冰块用以温酒或冰酒。整套尊盘器型结构复杂，饰满蟠龙和蟠螭，口部远看似云朵，实则龙蛇游走，相互盘旋环绕。

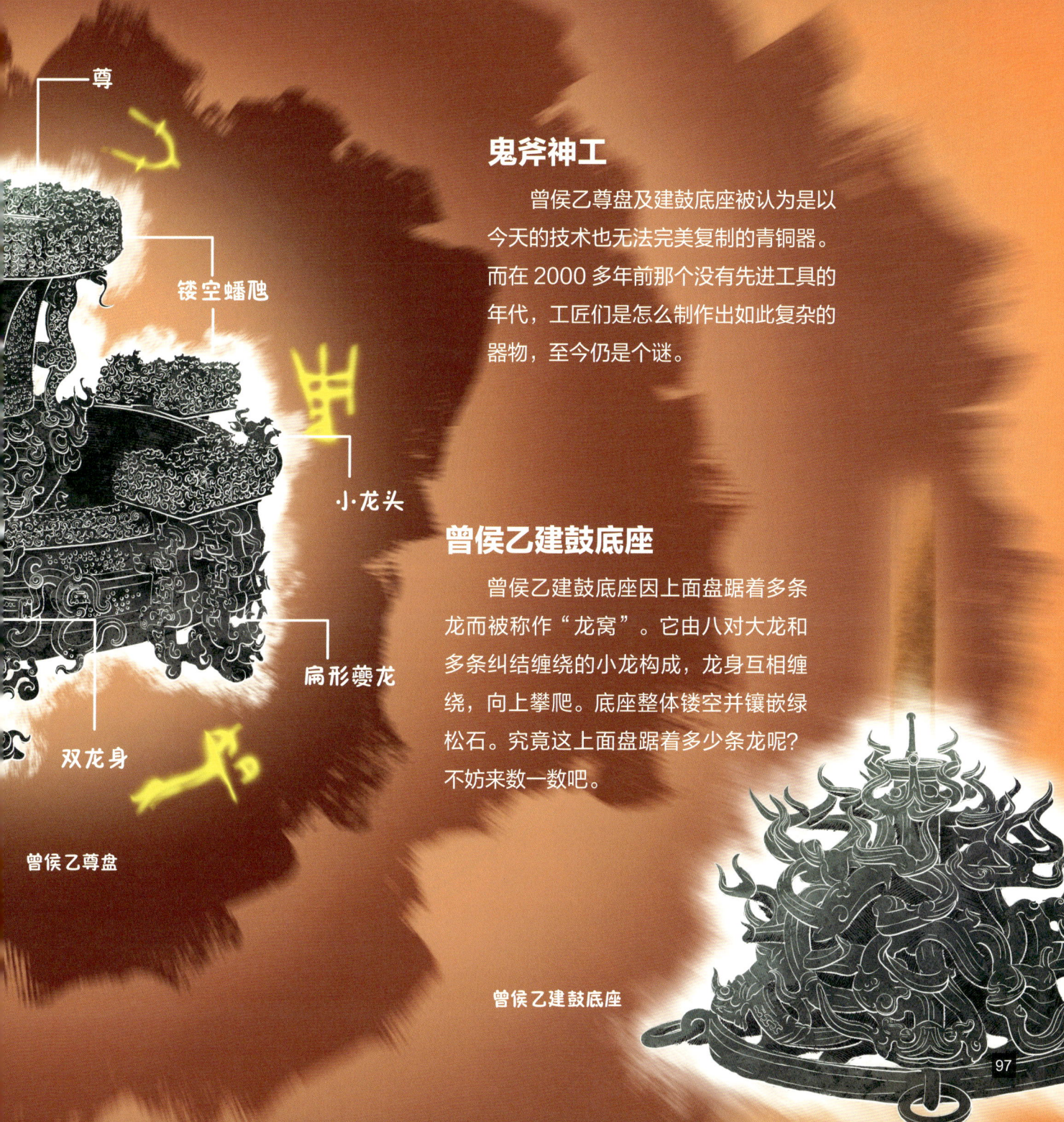

鬼斧神工

曾侯乙尊盘及建鼓底座被认为是以今天的技术也无法完美复制的青铜器。而在2000多年前那个没有先进工具的年代，工匠们是怎么制作出如此复杂的器物，至今仍是个谜。

曾侯乙建鼓底座

曾侯乙建鼓底座因上面盘踞着多条龙而被称作"龙窝"。它由八对大龙和多条纠结缠绕的小龙构成，龙身互相缠绕，向上攀爬。底座整体镂空并镶嵌绿松石。究竟这上面盘踞着多少条龙呢？不妨来数一数吧。

曾侯乙尊盘

- 尊
- 镂空蟠螭
- 小龙头
- 扁形夔龙
- 双龙身

曾侯乙建鼓底座

兵器库

北室出土文物以兵器为主，戈、矛、戟、弓、矢等几乎应有尽有，角落的一对大铜尊缶引人注目。

2400 年前的"大酒缸"

曾侯乙铜尊缶身形庞大，其高 1.3 米、直径 1.1 米，重达 327 千克，可储存 800 千克酒，堪称"酒器之王"。其肩部有"曾侯乙作持用终"铭文，器体纹饰整齐划一，仿佛列阵的士兵，出土时残存有酒液。

满是兵器的北室为何会有这样一对巨大的储酒器，也许是因为这里曾装满了为出征将士们准备的壮行酒。

金戈铁马

发现曾侯乙墓之前，戟的形制被认为是矛刺结合，曾侯乙墓出土自名为"戟"的兵器确认了双戈戟、三戈戟的存在。

古代兵器"殳"

在兵器库里，考古人员还发现了一种传说中的古代兵器，其铭文命名为"殳"，从顶部看呈三棱形状。根据古籍记载，殳是古代车战五兵之一，部分殳的下部设带有尖刺的铜球，可刺杀及锤击，后来逐步演变成为仪仗兵器。

奇怪的是在出土的众多兵器中，却未见一把青铜剑，仅发现一把玉剑，也许曾国并不喜佩剑，这一点与楚国相反。

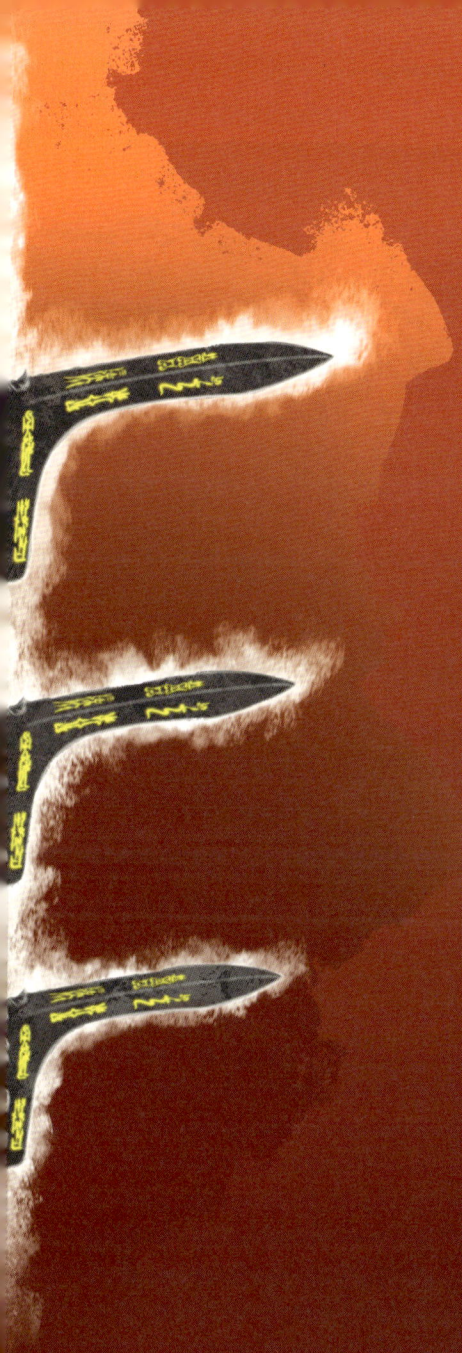

三戈戟

殳

神秘图腾

两重棺身均饰满彩绘，有神、怪、龙、蛇等各种图案，以龙、蛇、鸟为主，有的是执戈的人面兽身和人面鸟身像，有的是蛇与鸟、龙与凤、鸟与龙相互缠绕或共生多首的神奇图腾。这些图案古老生动，充满古人天马行空的想象力。

千古奇棺

东室存放着墓主棺，棺椁分为内棺和外棺两重，总长3.2米，宽2.1米，高2.2米，总质量达9000公斤，连现场吊车也无法动弹其分毫，最终分两次才将其提取。

南公簋

2013年，考古人员在随州另一处曾侯（曾侯犺）的墓地中发现一件青铜簋，上有铭文"犺作烈考南公宝尊彝"。所谓"烈考"，就是显赫的亡父，说明这件铜簋是曾侯犺为其父南公所作。

簋底内部悬一小铃

汉东之国

根据铭文，曾侯乙无疑为墓主人，但史书上却并无曾国只有随国。众所周知"汉东之国，随为大"，古代的随国境内为何会出现曾国国君？中国历史连绵不断，一个实力强大的曾国为何没有记载？一时众说纷纭，学界由此展开了长达几十年的"曾随之谜"大讨论。

考古再现曾国历史

经过考古人员40余年扎根田野考古，一个史籍中并无明确记载的曾国再现在世人面前。目前通过考古发掘所见的曾侯达20位，2013年出土的"南公簋"所指的"南公"就是西周初年重臣"南宫适"，曾国为他的封国，南公也就是初代曾侯。

考古发现的曾国墓

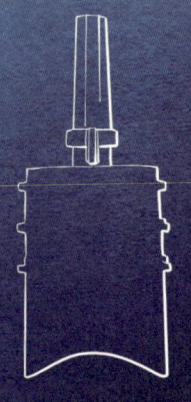 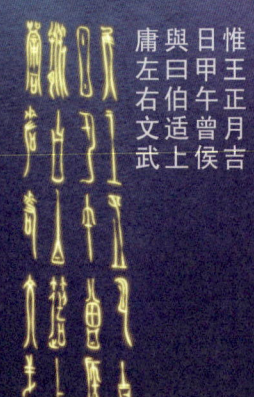  

惟王正月甲午吉日，曾侯與曰：伯适上庸，左右文武

挞殷之命，抚定天下，王遣命南公，营宅汭土，君庇淮夷，临有江夏

唯王正月初吉丁亥，楚王媵随仲芈加飤繁，其眉寿无期，子孙永宝用之

曾随一家

除此之外，随州曾侯與墓出土的一件甬钟上刻有百余字铭文，记录了先祖南宫适受周天子重用，辅佐文王和武王安定天下，周王派他到南方经营疆土，镇守南部边陲，监视江夏异动，将国土向南延伸的历史事件。

在随州还考古发现了曾侯宝的夫人芈加墓。此前发现有青铜鼎上铭文显示"芈加"是楚王嫁到随国的女子，进一步印证随国就是曾国。

大洪山　随枣走廊　桐柏山

随枣走廊

随州与枣阳一带被学者称为"随枣走廊"，其两侧山川起伏，随州、枣阳扼守咽喉要道。商周时期随枣走廊是中原与长江中下游地区主要运输通道，周王室在此处分封了很多姬姓诸侯国，史称"汉阳诸姬"，曾（随）国为其中之一。他们的任务是监控西南"蛮夷之国"，拱卫周室，控制铜矿资源的运输通道，以便将长江中下游的铜矿等资源输入中原王朝。

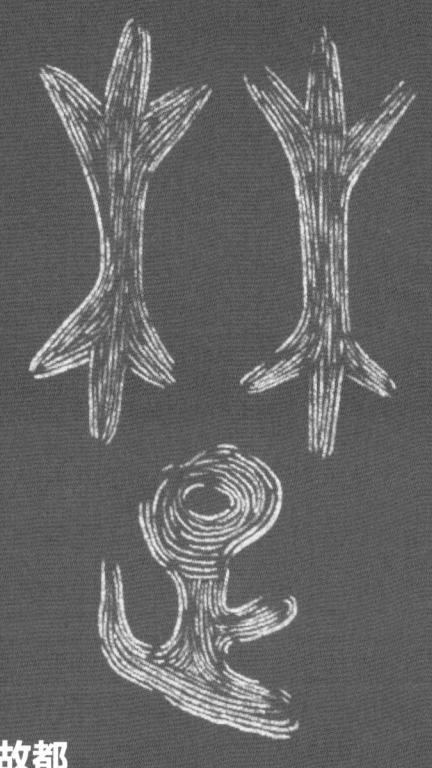

8 纪山之南　楚国故都
——荆州楚纪南故城遗址

纪南城遗址是东周时期楚国都城郢都的所在地。历史上曾有 20 位楚王在此执政，历时 400 多年，这里是楚国的政治、经济、文化中心。

自 20 世纪 60 年代起，考古工作者开始对纪南城内外进行考古发掘和研究。越王勾践剑和湖北发现的第一件虎座鸟架鼓等一批名震中外的文物均出土于纪南城内外。

文王都郢

《史记》记载"文王始都郢"。公元前 690 年,东征西讨的楚武王完成了历史使命,楚国进入文王时代(公元前 689—前 675 年),楚文王即位后把都城迁到了"郢"。

再现纪南城

20 世纪 50 年代后期,考古工作者在荆州古城北 5 千米处发现了纪南城城址,结合文献记载确认纪南城城址为楚国郢都遗址,由此拉开了楚郢都考古发掘的序幕。

楚郢都纪南城，位于荆州古城北，因在纪山之南而得名。这是一个东西长约 4450 米，南北宽约 3588 米，面积约 16 平方千米的超级都市，其面积是明清荆州古城面积的 2 倍。

据古籍记载："楚之郢都，车毂击，民肩摩，市路相排突，号为朝衣鲜而暮衣敝。"意思是楚国郢都，车水马龙，热闹非凡，马车在城市里穿行，不时传来车轮碰撞的声音，街上人挨人，一不小心就会碰在一起，早上穿着新衣服出门，晚上回去竟被磨得又破又旧。

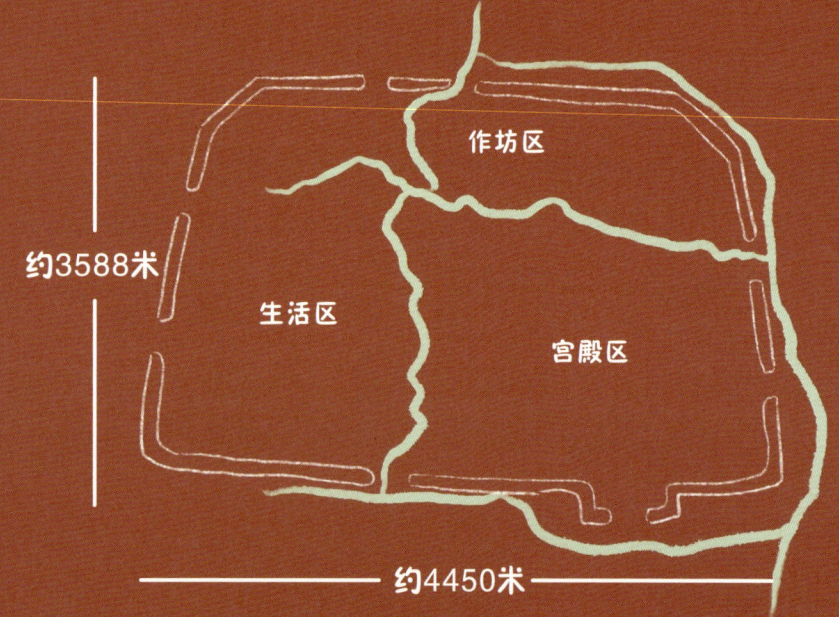

考古大会战

1975年，国内的考古专家齐聚纪南城，合力进行了大规模勘探和发掘，首次发现了重要的宫殿建筑遗址、城门和水门，弄清了纪南城的整体布局及具体状况。

考古发现城内拥有8个城门、3个水门，城内地势西北高、东南低，有利于引水入城。

古城现状

虽然历经2000多年的风霜雨雪，纪南城城垣仍然保持着较为完整的基本形态。由于自然的流失和人为的损毁，城垣较高处仍然高出地面7米之多，较低处也高出地面将近4米，城垣顶部的宽度为10～14米。

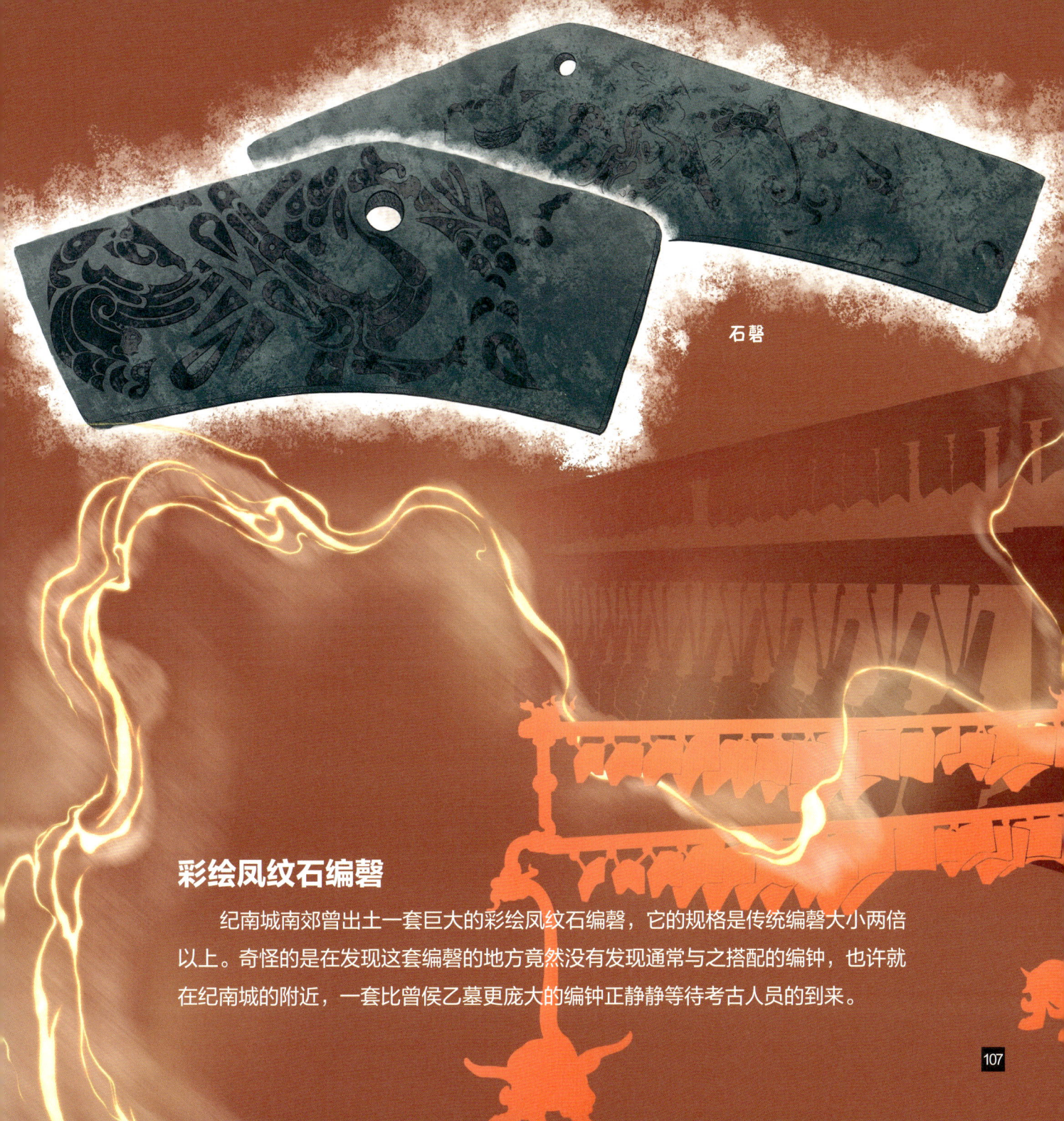

石磬

彩绘凤纹石编磬

纪南城南郊曾出土一套巨大的彩绘凤纹石编磬，它的规格是传统编磬大小两倍以上。奇怪的是在发现这套编磬的地方竟然没有发现通常与之搭配的编钟，也许就在纪南城的附近，一套比曾侯乙墓更庞大的编钟正静静等待考古人员的到来。

井圈

作用：
便于提系；
便于地下水渗入。

陶井圈

竹井圈

古井

　　有学者称楚纪南城一度是当时最大的城市，考古人员发现的众多古井、陶板瓦、陶筒瓦、陶排水管等，就是城市规模最直观的见证。迄今为止纪南城考古发现不同种类古井千余口，根据材质可以分为土井、陶圈井、竹圈井、木圈井等，其中陶圈井的数量最多。

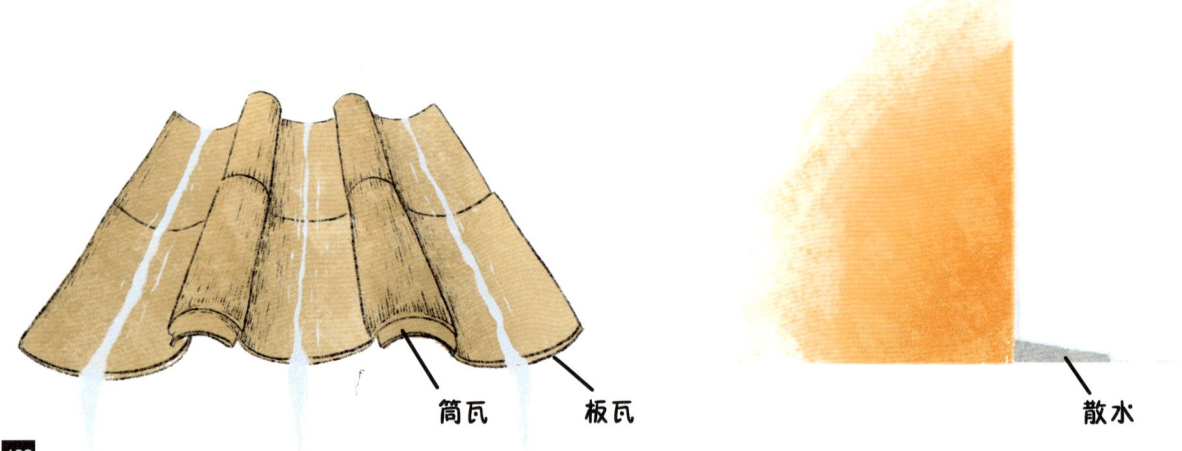

筒瓦　板瓦

散水

古人将井穴挖成后，把井圈依次放入井底，首尾相连，最后在井口增设"井"字形木架，既便于汲水，又起保护井圈的作用。这个"井"字形木架就是汉字"井"的由来。

完备的排水系统

考古人员还发现有散水、排水管、排水沟等排水设施，与城内河道及护城壕一起构成一套排水系统。这套系统沟通城市生产生活，兼具排污、排洪、军事防御三大功能。

一门三道

通过考古发现城门由 3 个门道构成，中间门道宽 7.8 米，两边门道宽 3.8～4 米。

排水管

水门遗迹

考古人员在古河道中发现了一座古代木构建筑,应是水上城门。整个木构建筑呈长方形,共发现木柱洞49个,洞内尚存木柱37根。木柱分成6排,中间的4排形成3个门道,3个门道大小相等,长约11.3米,宽3.34～3.4米,可容船只通行。

楚人屈原

屈原年轻时担任要职,深受楚怀王信任,但后来楚怀王听信谗言,将屈原革职流放。在《九章·哀郢》中,屈原写道:"过夏首而西浮兮,顾龙门而不见。"也许当初屈原被放逐时正是从此处水门而出。

水系

　　历史上将水系引入城内的筑城方式并不多见。据研究分析，纪南城 3 个水门可以沟通长江、汉江、湘江等南方水系。把水引入城内或许是为了便于运输物资，也或许是为了划分城市的区域。

楚物

纪南城周边的楚文化遗存丰富,历年来考古发现了一批高等级贵族墓、众多平民墓及古井群,还有楚王陵等;出土大批震惊中外的青铜器、玉器、漆木器、陶器、简牍等文物,如精美的战国丝绸、虎座鸟架鼓、楚简、越王勾践剑等瑰宝,证明楚国一度国力鼎盛,楚文化博大精深。

考古发现中国历史上第一段长城、第一个县、第一支毛笔都出现在楚国。

拔郢

公元前 278 年,一支在北方黄河流域击溃了众多诸侯国的军队,剑指长江岸边的楚国都城"郢"。带领这支军队的是楚国王室后裔白起。这位威名赫赫的秦国将领在 30 多年间攻取大小城池 70 余座,歼灭近百万敌军,数代楚王经营多年的楚国都城也在他手下付之一炬,史称"白起拔郢"。

望山楚墓群

纪南城

望山楚墓群

20世纪60年代,考古人员在距纪南城7千米处发现一片楚墓群,出土众多珍贵文物,其中一件人骑骆驼铜灯造型别致,极为罕见。地处长江中游的楚国没有骆驼,这也进一步印证了当时楚文化繁盛,已存在南北文化交流。

嵌错凤纹铜酒樽

这件文物浑身饰满变形凤纹,据考古人员计算,共60只凤,纹饰图案极其复杂。

楚文化交流传播

考古人员曾在新疆发掘出土了大量漆器和楚人独有的凤鸟纹刺绣等。在更远的俄罗斯境内一个墓葬中也出土了大量极具楚文化特色的丝织品遗物。

山字纹铜镜

楚绣纹样

远在千里之外出土的丝织品、山字纹铜镜等文物,证明2000多年前,从长江流域到新疆甚至更远的交通与贸易已经存在,这比我们熟知的汉代丝绸之路还要早四五百年。

望山 1 号楚墓出土了令世人震惊的越王勾践剑。这座墓葬保存极好，出土时竹席尚存，暴露在空气中后便立即炭化。

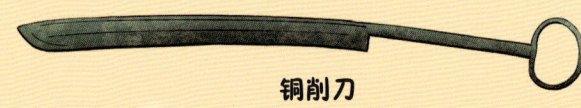

铜削刀

青铜剑

铜削刀（文房用具）和青铜剑的整齐摆放似乎寓意着墓主人文武双全。越王勾践剑出土时外套有剑鞘，起初并未引起考古人员重视，直到在文物库房将剑抽出，寒光乍现，随后经过清理，竟然在剑身发现八字鸟篆。

望山 1 号楚墓形制

越王鸠浅 自作用剑

独特的鸟篆

鸟篆是春秋战国时期盛行于吴、越等国的文字。长江中下游湖泊密布,是鸟类的天堂,独特的地理环境使古人创造了形态优美的鸟篆。

越王勾践剑剑身布满菱形暗纹,是由于时间久远所致。据研究,当初剑身颜色以黄白为主,光芒四射。

剑格正面镶嵌蓝色琉璃,背面为绿松石。

越王勾践与吴王夫差

历史总是令人意想不到,在距越王勾践剑不远处的马山楚墓中,竟出土了吴王夫差矛。"卧薪尝胆"等众多吴越争霸的故事脍炙人口。这两把著名兵器为何都出自楚墓一直以来众说纷纭,留下无尽悬念。

剑首有 11 道同心圆,在没有现代机床的先秦,其铸造工艺成谜。

吴王夫差自作用矛

马山 1 号墓

1982年，考古人员在距纪南城8千米处发现一座保存极好的小型楚墓，埋葬时放置于棺椁上的竹枝叶子尚存。

透过缝隙往里看去，考古人员大为震惊，里面竟满是丝织品。经过发掘清理，出土一批楚国丝绸，工艺之精美、保存之完好，前所未有。由于丝织品极易腐朽，很难长期保存，发掘完整的早期丝织品几乎是一种奢望，这座不起眼的楚墓因此被称为"丝绸宝库"，这就是马山1号墓。

← 三头凤

在一件绢面棉袍上，绣着前所未见的三头凤图案。凤鸟头戴花冠，两侧生出花枝状凤翼向上延伸，左右翼各形成另一凤头。

龙凤虎纹绣

另一处纹样中，中间的凤鸟头戴花冠，两翼张开、气势逼人，其翅膀及腿下分别压制龙与虎，展示着楚人对凤鸟的崇拜。

蟠龙飞凤纹绣

这组纹样中间为神树，树最高处有一圆形，左右各立一龙，蜿蜒而上至树顶。仔细观察，龙身上各有9个圆形图案，专家分析这个圆代表太阳，两侧龙身的太阳分别加上树顶的太阳等于10，这与"十日神话"不谋而合。传说扶桑树上有10个太阳，9日居下，1日居上，10个太阳轮流，居于天空之上。

夯窝

夯窝与夯层

用工具将泥土逐层夯实时,每层之间会形成光滑坚硬的平面,通过仔细清理辨认还可以发现夯具遗留的痕迹,这就是"夯窝"。由于其逐层分段夯筑的特点,在夯土墙上可以明显观察到分层现象,这就是"夯层"。

将土壤通过重力的手段夯打压实成为建筑材料夯土,以夯土为基础,辅以石砖瓦,这是中国古代建筑的特点。早在新石器时代,中国先民就已经掌握夯土技术,土壤经过夯打变得结构紧密坚硬。先秦时期重要建筑的高大台基、墙均为夯土筑造。

9 楚王离宫　千古章华
——潜江龙湾遗址

据记载，公元前535年，楚灵王大兴土木，耗时数载，修建了举世闻名的章华宫（又称章华台）。一直以来学术界对章华台遗址所在做过不少考证，但未有考古证据支撑，众说纷纭，直到1984年……

汉出为潜

　　潜江属古代云梦泽之地，人们过去认为这里湖泊密布，无古可考，考古人员很少涉足。1984 年，文物工作者在查阅文献时偶然发现楚章华台也许在潜江的线索，但当地学者并不相信这一说法。恰逢第二次全国文物普查工作的开展，队员们还是坚定地将寻找章华台作为工作的主要任务之一。

苦心探寻

　　时间一天天过去，正当队员们为还没有收获苦恼之时，在龙湾镇一个土坡附近，大家在村民口中了解到当地人都不在这个土坡上种庄稼，也不让小孩子在上面玩耍。他们还注意到附近有很多带"台"的地名。种种迹象引起普查队员的注意，大家决定到土坡上一探究竟。奇迹出现了！这里到处散落古代的陶器残片。经过几天的观察和测量，附近高出地面的土台子有十几个之多。这一重要线索立即引起很多考古学者重视，曾经冷清的小镇一时热闹起来。

历史上的章华台

史料记载,公元前 535 年,楚灵王举全国之力,历时 6 年修建了一座宏大建筑,名为章华台,其台高约 23 米,相当于现在 8 层楼。相传章华台建成时,鲁昭公前来贺礼,楚灵王每登一层就绕台一周,向鲁昭公炫耀一番,中途休息了 3 次才登顶。

初露真容

通过调查勘探，考古人员在此发现大型夯土台基 22 座，总面积达 30 余万平方米。22 座夯土台基组成庞大的宫殿建筑群，章华台位列其中。

1987 年，考古人员开始第一次考古发掘，深埋地下 2500 多年的宫殿台基重见天日。大量的瓦片及粗大的柱洞证明建筑体量的庞大，天井、门、墙、排水管等相继被发现，特别是发现了罕见的贝壳路。这一发现，立即轰动了全国考古界，这里也被正式命名为龙湾遗址。

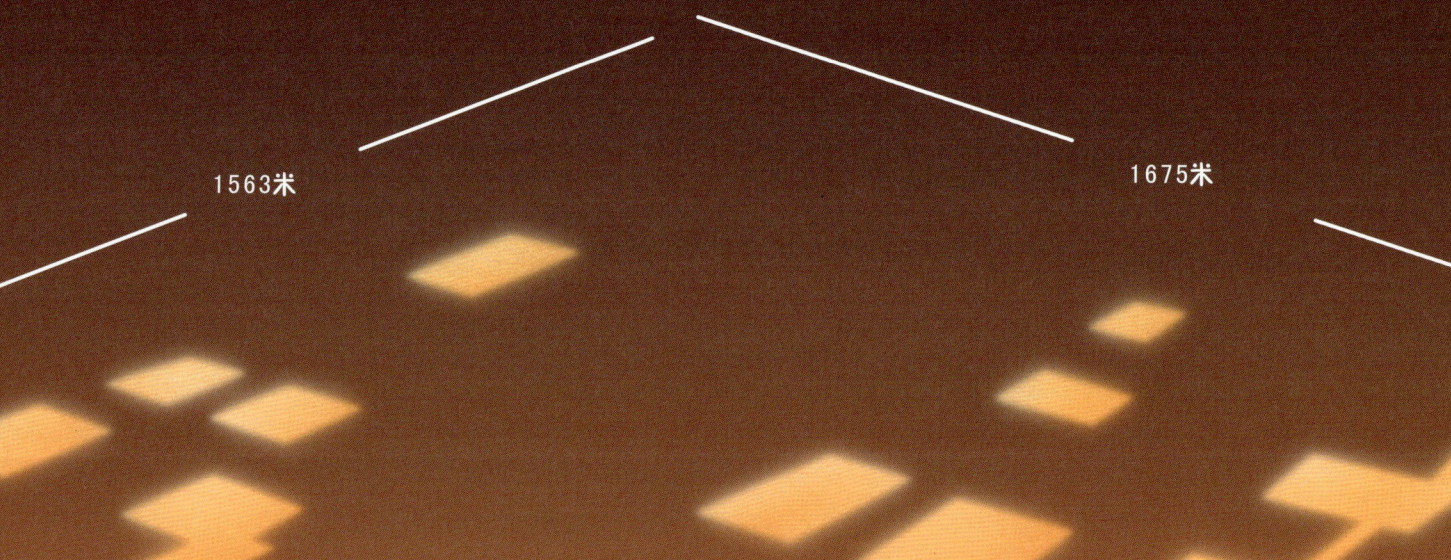

1563米　　1675米

经勘探确认的众多夯土台

章华台遗址

水坑通往北面古河道,为人工凿成,具有排水及提供生活用水的功能,可能还有泊舟的作用。

章华台遗址总面积 13000 平方米,已发掘 3600 平方米。经考古研究表明台基可分 4 层。一、二、三层为夯土台基,其中第一层高出地面约 4 米;第二层仅发掘局部,高出一层近 1 米;第三层全部发掘,面积约 470 平方米;高出第一层近 3.5 米,台上分布交错的地沟及柱洞;第四层木建筑部分已经损毁消失。

贝壳路

屈原在《九歌·河伯》中写道："鱼鳞屋兮龙堂，紫贝阙兮朱宫"，描写了想象中的龙宫景象。巧合的是，考古人员在龙湾遗址首次发现了以贝壳铺就的华美之路。穿过 2500 多年的光阴，当她首次出现在世人面前，我们依然能想象出她当年的璀璨耀眼。先秦时期一度以海贝充当原始货币，贝壳路再次证明这是一座非同凡响的楚国宫殿遗址。

三层台周边的台壁柱洞为固定夯土台基的柱子遗留痕迹。台上地沟纵横相交，与各种柱洞相互连接，中部及其拐弯处由各种柱洞锁定，使整个夯土台基及其台上木建筑坚实稳固。

台壁柱洞

版筑法

庞大的夯土台基主要由版筑法建造而成。版筑法是中国古代建筑工程的传统工艺之一，其主要工序是以木版为模，内部填入混合土，再用工具捣实，层层加高。

在框内加入混合过的黏土。

利用工具将土夯实，使其结构紧密。

拆开模具，继续夯筑下一层（段）。

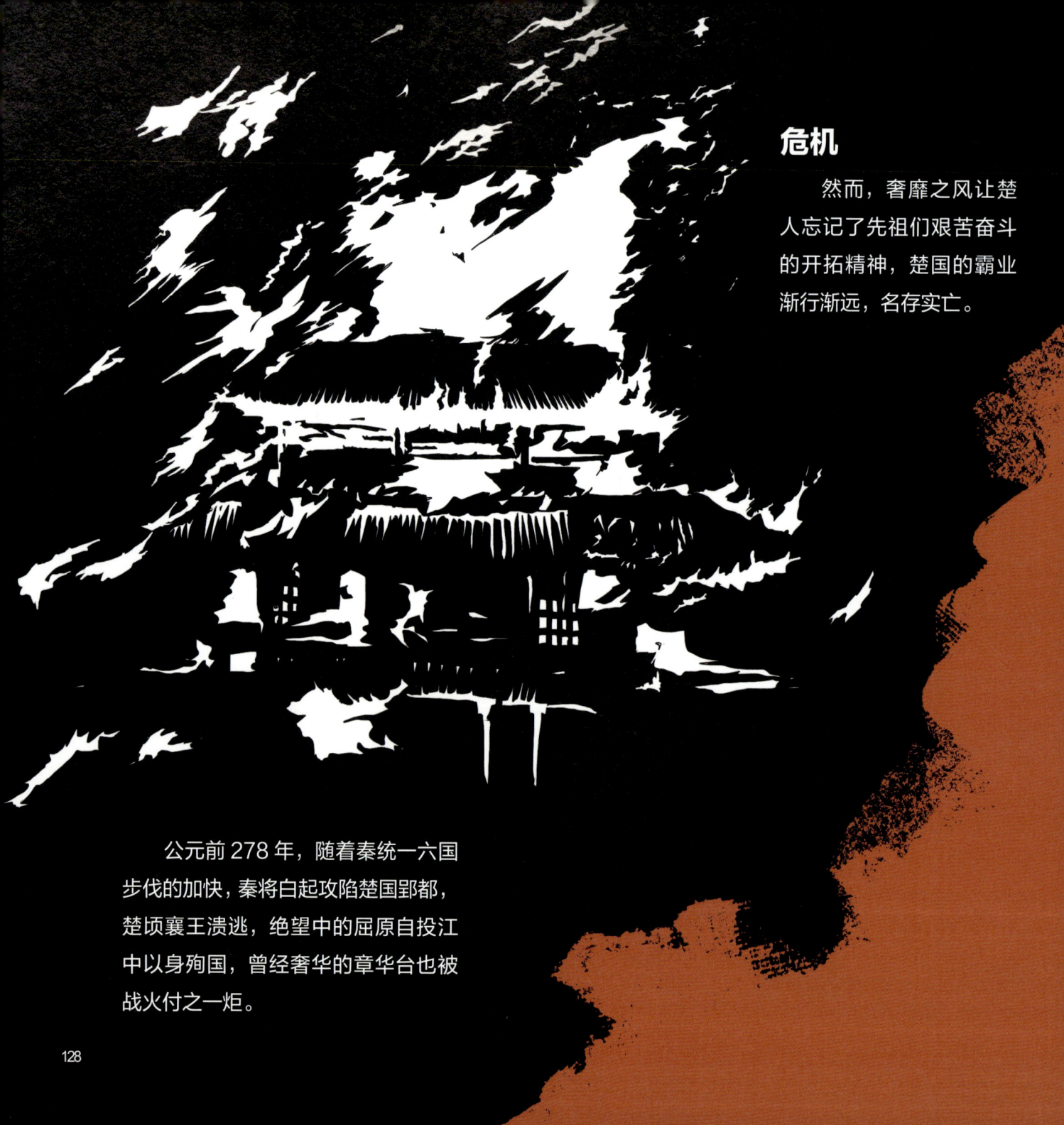

危机

然而，奢靡之风让楚人忘记了先祖们艰苦奋斗的开拓精神，楚国的霸业渐行渐远，名存实亡。

公元前278年，随着秦统一六国步伐的加快，秦将白起攻陷楚国郢都，楚顷襄王溃逃，绝望中的屈原自投江中以身殉国，曾经奢华的章华台也被战火付之一炬。

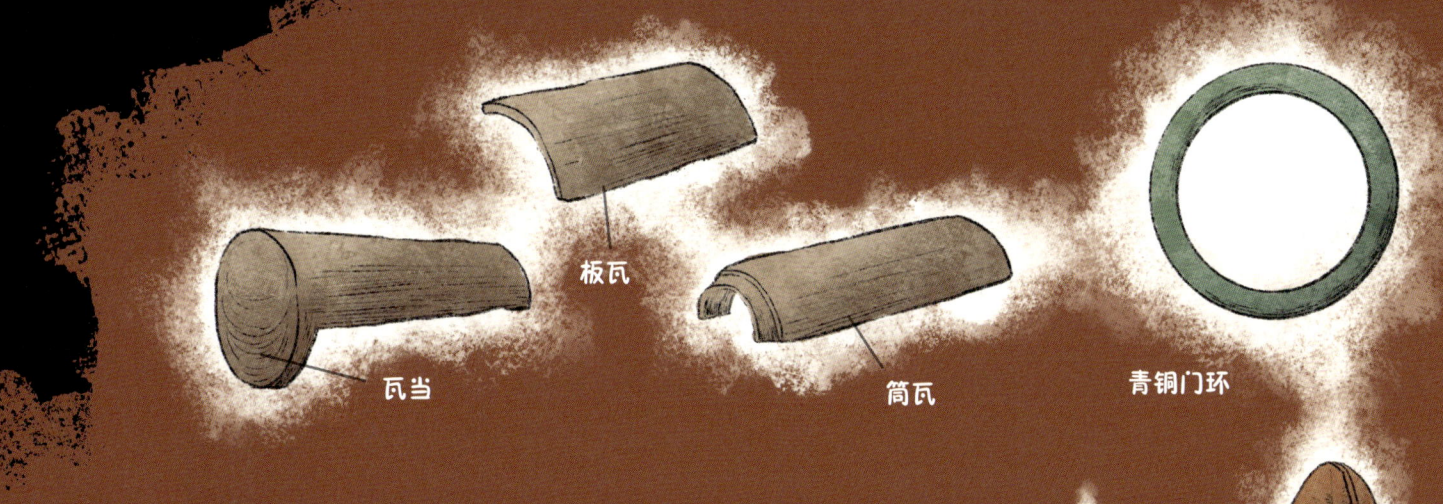

瓦当　　板瓦　　筒瓦　　青铜门环

考古人员在龙湾遗址发现的筒瓦、板瓦残片总量达数十万片，部分瓦面饰有彩绘。还发现有青铜鼎、青铜门环、青铜鱼钩、泥质垂线器、青铜兵器、礼器等文物。

青铜鱼钩

泥质垂线器

泥质垂线器

龙湾遗址出土有泥质垂线器 200 余件，其四面均呈三角形，都有拴绳痕迹。绳痕经过尖端在底面汇合，使用时尖端向下，系绳利用重力测定木柱及墙体是否垂直，可谓是现代金属垂线球的鼻祖。

青铜鱼钩

我国考古发现最早的鱼钩出现在新石器时代早期，以兽骨磨制而成。青铜鱼钩最早发现于约 3500 年前，其形制与现代鱼钩基本没有差别。

贝币

楚蚁鼻钱

楚郢爰

楚铜布币

楚币

先秦时期以海贝充当原始货币，名为"贝币"，正因此，今天汉字中以"贝"为偏旁的字大多与财富和价值相关。随着冶炼技术的进步，开始出现铜质货币，形制也多以仿贝币为主。楚国流通的货币主要是铜币，也称为"蚁鼻钱"或"鬼脸钱"。此外，楚国还先后出现铜布币、金货币等。楚人好细腰，楚俗以细腰为美，尤其是楚灵王时最甚，楚国铜布币整体呈现瘦长束腰型。考古发现的楚国黄金货币是中国最早的金币，名为"郢爰"，主要流通于楚国贵族阶层。

10 考古拨开赵将军传说迷雾
——襄阳九连墩墓群

传说战国时期,楚国有一名将军能征善战,但受到陷害被楚王错杀。没多久,楚王后悔听信谗言,便下令用黄金为将军打造一颗头颅并厚葬他,为了防止被盗墓就建造了九座墓冢,这就是"九连墩"的由来。一个传奇,九个土墩,神秘莫测的金头将军,事实真的如传说那样吗?

金头将军的传说

相传战国时期,楚国曾有一位英勇无比的将军,他带兵征战,所向披靡,但一时被奸臣所害,楚王将其错杀。等真相大白后,楚王追悔莫及,于是下令,给这位将军打造一个黄金头颅并厚葬他,为了防止被盗墓,又一连建了九座墓冢。

九座大墓由南向北依次排列,绵延约 3000 米,当地俗称"九连墩"。最大的 1 号墩为九连墩之首,直径约 45 米,地面残存封土高约 4.5 米,其余八座墓直径在 35 米左右,每个土墩面积相当于三个篮球场大小。

几千年来,这些"土墩"常引来盗墓贼觊觎。曾有一群盗墓贼趁着夜色盗掘古墓,他们带上炸药和挖掘工具从凌晨挖到清晨,炸药用完了却还未打通墓穴,一伙人计划白天再去准备炸药,晚上继续盗掘。不料第二天盗洞被文物安全巡查人员发现,警察根据线索很快将这伙盗墓贼抓捕归案。

探铲（洛阳铲）

考古勘探

考古人员的意外发现

2002年，一条计划施工建设的高速公路正好穿过九连墩1号墓封土堆。为保护这里的文物，考古人员计划对这个墓冢进行抢救性考古发掘。

一个出乎意料的发现令考古人员感到吃惊，在1号墓旁不远处，竟还藏着一座不为人知的大墓（2号墓），它的封土可能由于年代久远已经消失，导致未被注意，因而地表以上人们只看到九个土墩。

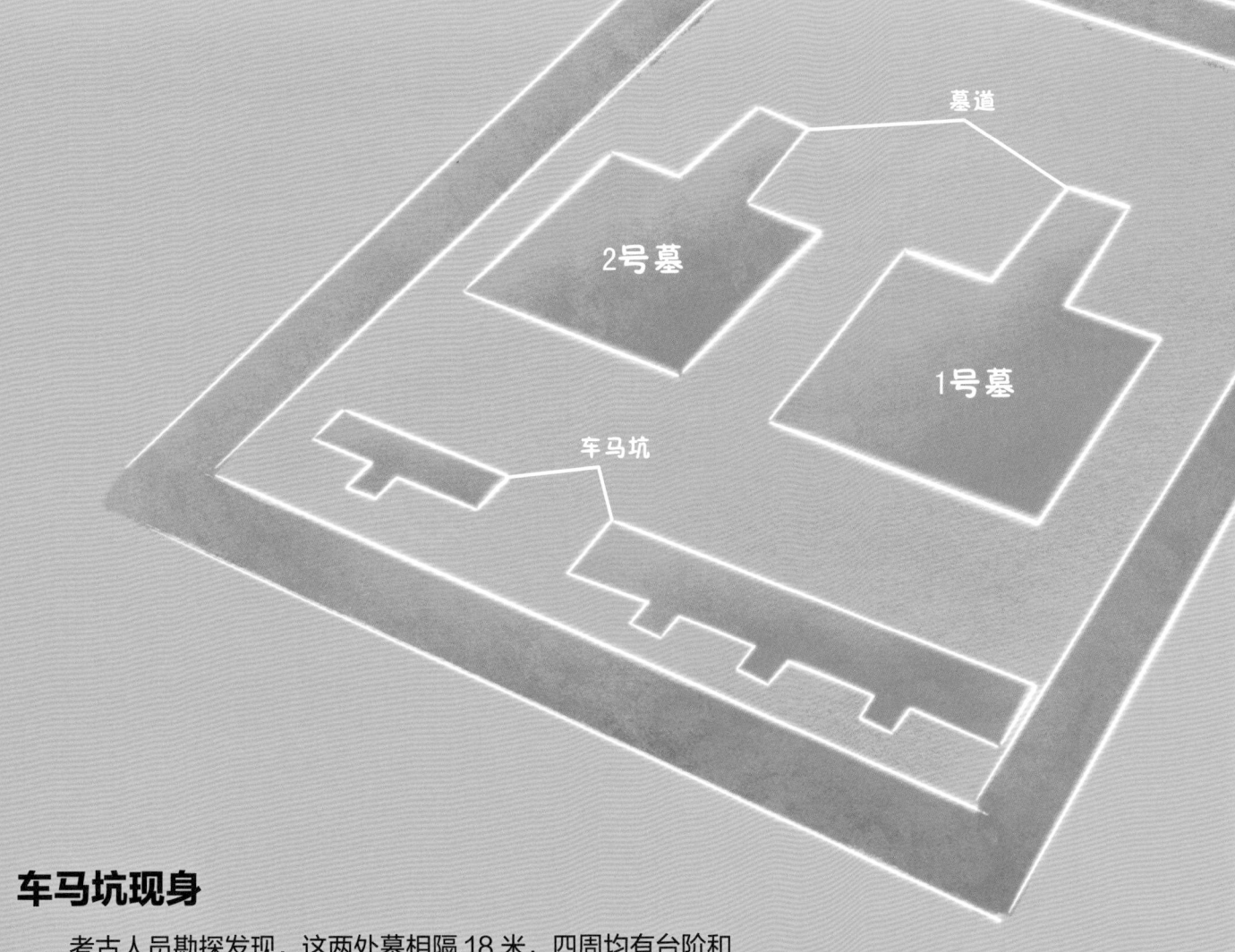

车马坑现身

考古人员勘探发现,这两处墓相隔18米,四周均有台阶和墓道。根据规模,结合以往楚墓发掘经验,考古人员分析附近极有可能存在陪葬车马坑,且一般在墓道对面方向。果然,在墓葬另一侧勘探发现了长条形遗迹,且规格极高。1号墓车马坑勘探尺寸长50米、宽10米,这在当时是全国考古发现的最大车马坑。在两处墓的外围还发现有围墙迹象,应与当时葬俗等级制度有关。

倒立的"金字塔"

接下来就进入正式发掘阶段了,金头将军传说为考古发掘增添了神秘的光环,大家都期待着最终的真相。

前期发掘时,考古人员在1号墓发现了一个盗洞,盗洞约20米深,但并未打穿墓室。2号墓因封土早已被夷为平地,不显山露水,没有引起盗墓贼的注意,没有被盗痕迹。

战国贵族楚墓往往有多级台阶,台阶逐级缩短,口大底小,形似倒立的金字塔状。这是为了显示墓主身份,身份越高,墓坑越深,台阶越多,墓道越长。

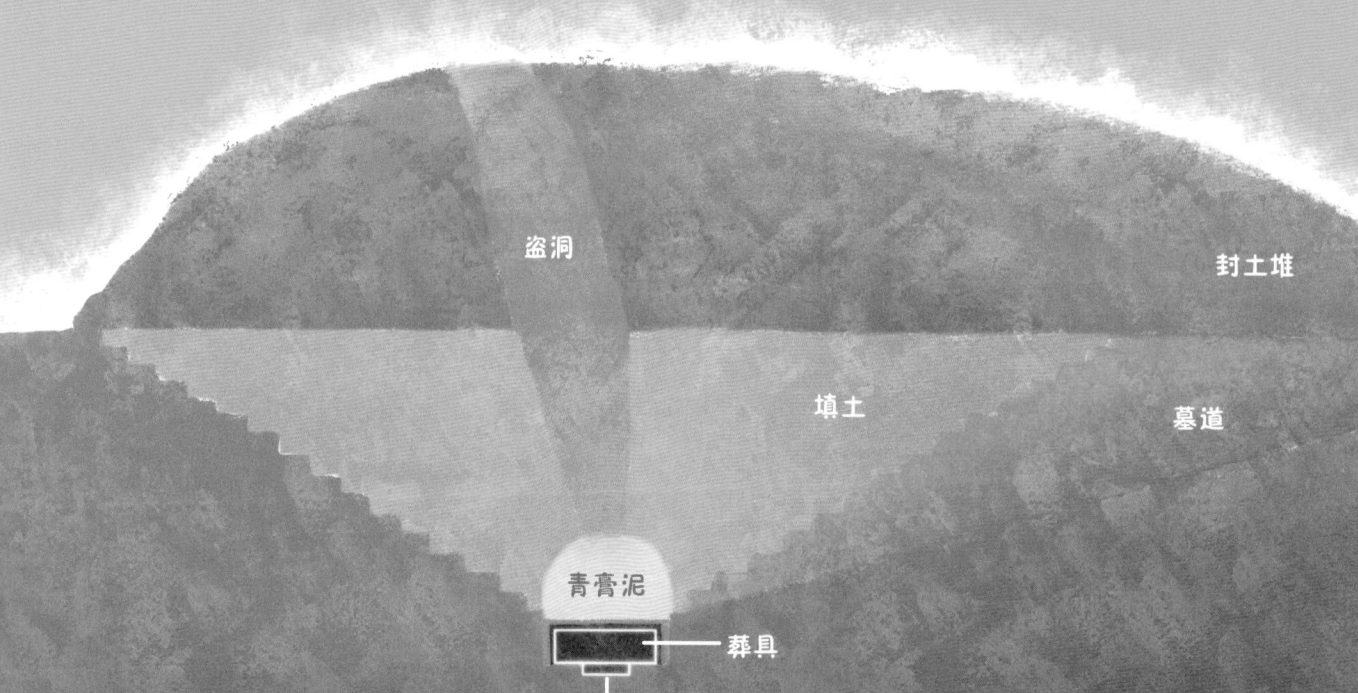

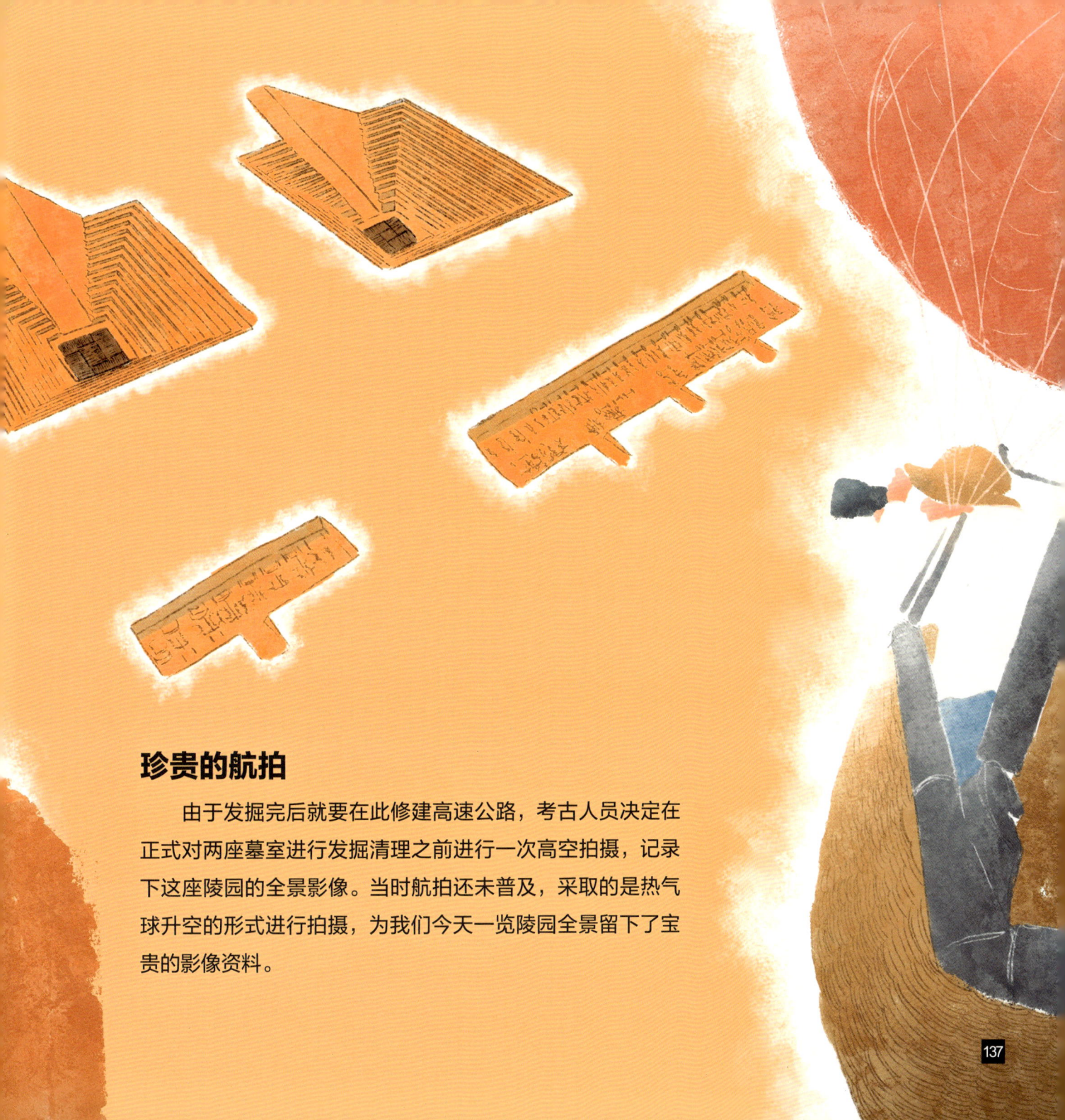

珍贵的航拍

由于发掘完后就要在此修建高速公路,考古人员决定在正式对两座墓室进行发掘清理之前进行一次高空拍摄,记录下这座陵园的全景影像。当时航拍还未普及,采取的是热气球升空的形式进行拍摄,为我们今天一览陵园全景留下了宝贵的影像资料。

青铜轭帽

车舆装饰

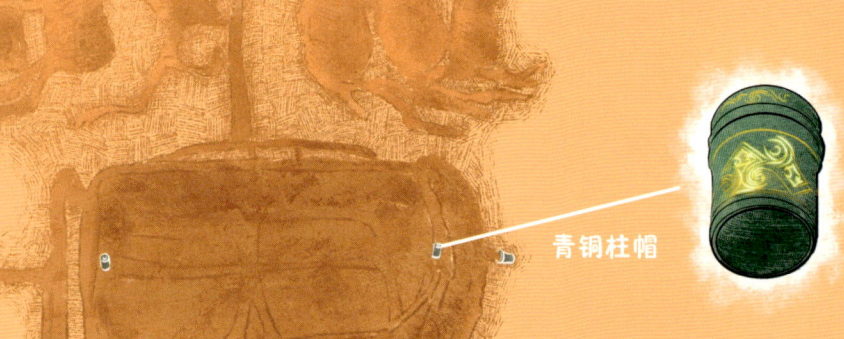
青铜柱帽

惊现"天子驾六"

经过发掘，2号车马坑随葬车7乘，马16匹；1号车马坑随葬车33乘，马72匹，数量达当时国内考古发现之首。还发现一辆6乘战车，属于礼制僭越，那时只有周天子才可驾六。

青铜车軎

青铜活页

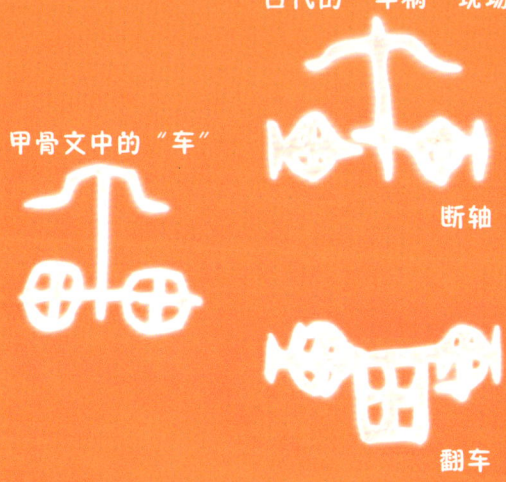

甲骨文中的"车"

古代的"车祸"现场

断轴

翻车

"土中找土"的车马坑发掘

在考古发掘中,发掘车马的技术要求极高,被考古工作者称为"土中找土"。由于车马木料埋在泥土中,经年累月木质逐渐朽烂,变成"土车",考古发掘相当于在千年以前的土中发掘出稍有不同的土。

中国车马的使用

河南二里头遗址的车辙印痕、郑州商城出土的车马构件,以及商代甲骨文的发现表明,最迟到商早中期,我国车马制造使用技术已相当成熟。车马制造在那时是复杂精细的技术,只有贵族方可使用车马,因此车马也常作为象征身份的陪葬品。

车阵仪仗

车马坑清理完毕后,根据观察可发现排列分组规律,应与战国时期楚国排兵布阵相关:中部4车为一组,呈"品"字形,车阵中心配6匹战马,应为主帅用车。

九连墩出土的部分青铜器

百里千刀一斤漆

"漆"字原没有三点水的偏旁，上木下水意为割开漆树流出的汁。采漆的过程十分不易，天然漆具有抗潮、防腐、耐酸、耐热等特性。古语云："滴漆入土，千年不坏"。不少考古所见的漆器，木胎朽烂成灰，漆层却依旧完整。

虎座鸟架鼓

漆方壶

中国漆文化

漆器起源于中国,考古发现最早的漆器距今约8000年。在汉、唐时期,漆器相继传到日本等国。我们知道"中国"的英文是China,而china也代表瓷器的意思。但很少有人知道,漆器在日本得到继承发扬之后,被译为japan,日本成为西方世界认可的"漆之国"。

龙蛇座莲瓣盘漆豆

湖北漆木器

生漆原料的珍稀及繁复的制作工序使得漆木器成为当时贵族们彰显身份的奢侈品。湖北省出土精美漆器众多,它们无一不是经历了古人层层工序以及繁复技艺的打磨,通过考古人员的发掘以及文物保护工作者数年悉心修复,才得以穿越2000多年时光,再现楚国发达漆器制作工艺。

有柄漆笾

九连墩出土的部分漆木器

龙形玉佩

三人踏豕玉佩

九连墩玉器

九连墩楚墓是一次性出土玉器最多的战国楚墓。这件三人踏豕玉佩造型罕见，像是2000多年前的"杂技"。三人神情、装束一致，圆脸吐舌，头发束于后脑，衣间饰"水田纹"。

龙凤玉佩

竹简之谜

在发掘过程中，考古人员还发现了一批保存较为完整的竹简。这批竹简每支宽约1厘米，长约30厘米，经过清理，共有1364支。遗憾的是经过多种手段检测拍摄，除了背面的花纹，没有发现任何文字，其用途成为未解之谜。

双龙玉佩

周代的礼制规定：天子享九鼎八簋，诸侯七鼎六簋，大夫五鼎四簋，士用三鼎或一鼎一簋。

身份之谜

考古人员将墓主人肢骨清理出来，并未发现"金头"，传说不攻自破。通过人骨鉴定，1号墓主人为男性，年龄50～60岁，2号墓主人为女性，年龄45～55岁，初步断定此为夫妻合葬墓，墓主人的级别为"上大夫"，相当于现在的厅级干部。

出土文物中，一件铜簋上刻有铭文"慎克自作荐簋"。青铜器铭文往往存在使用者的署名，但考古学家并未在其他史料中找到"慎克"这一人名，这给我们留下无尽悬念。

九连墩1号墓与2号墓共出土文物4000多件，涉及礼器、乐器、兵器、生产生活用具等方方面面，是当时湖北省出土文物最丰富的考古发现。其中1号墓遭到盗扰，2号墓除了渗水，一切保存如初。

据古文献记载："古之葬者，厚衣之以薪，葬之中野，不封不树"，早期墓葬应没有封土。在新石器时代晚期发现有积石冢，商至西周时期，也发现有个别封土墓。到春秋战国时期，封土墓逐渐开始流行，其墓上封土经人为夯筑，比如后来大家熟知的秦始皇帝陵，经2000余年风雨侵蚀仍残存相当于现在20多层楼高度的封土堆，据推测最初高度达115米。

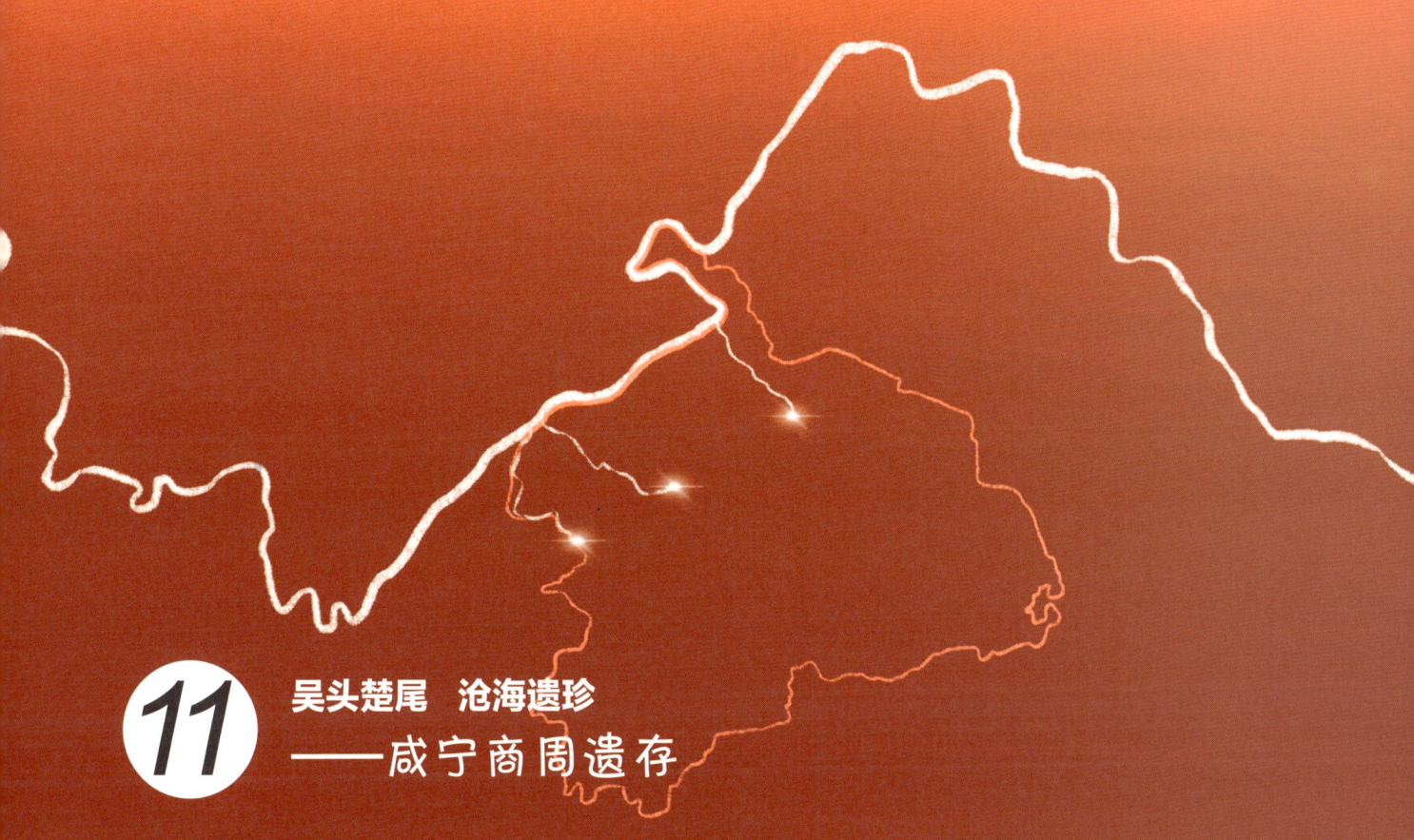

11　吴头楚尾　沧海遗珍
——咸宁商周遗存

  2022 年，咸宁新发现一座距今约 3000 年的西周古城址，是目前长江以南发现面积最大、保存最完整的西周城址。在那个周王朝势力不能及、楚人未兴起的年代，是谁建造了如此规模宏大的城市？此外，近些年，在咸宁还先后发现有东周时期的赤壁新店土城遗址、咸安孙郭胡城址。在咸宁南部区域内先后发现有一批晚商至西周时期的青铜重器，其中"崇阳铜鼓"为世之仅有，11 件青铜甬钟如繁星洒落山川之间。是地方王权的创造，还是商周王室的遗珠？楚人曾喊出"我蛮夷也，不与中国之号谥"，创造出了与中原王朝风格迥异的浪漫楚文化，3000 多年前的咸宁故土，是否真如世人印象中那般蛮夷荒凉？大地如书，考古清除尘土的印迹，带领我们重新认识这片旷野……

赤壁大湖咀古城遗址

2022 年，考古人员在咸宁赤壁高新区进行文物调查勘探时发现一处始建于西周时期的古城址，命名为大湖咀遗址。

古井上部5米被破坏

千年古井

阳春三月的赤壁高新区工地内，机械轰鸣。当工人挖开脚下的黄土，竟在地下 5 米深处挖出了粗大的方木。经考古人员现场确认，此处为一口古井，井口边长约 4 米，残留深度约 2 米。经 2000 余年光阴，木井框仍基本保存完好，井内出土文物 20 余件。

神秘扁壶

井内发现一件扁壶，经检测为锡壶，且纯度极高，较为罕见。

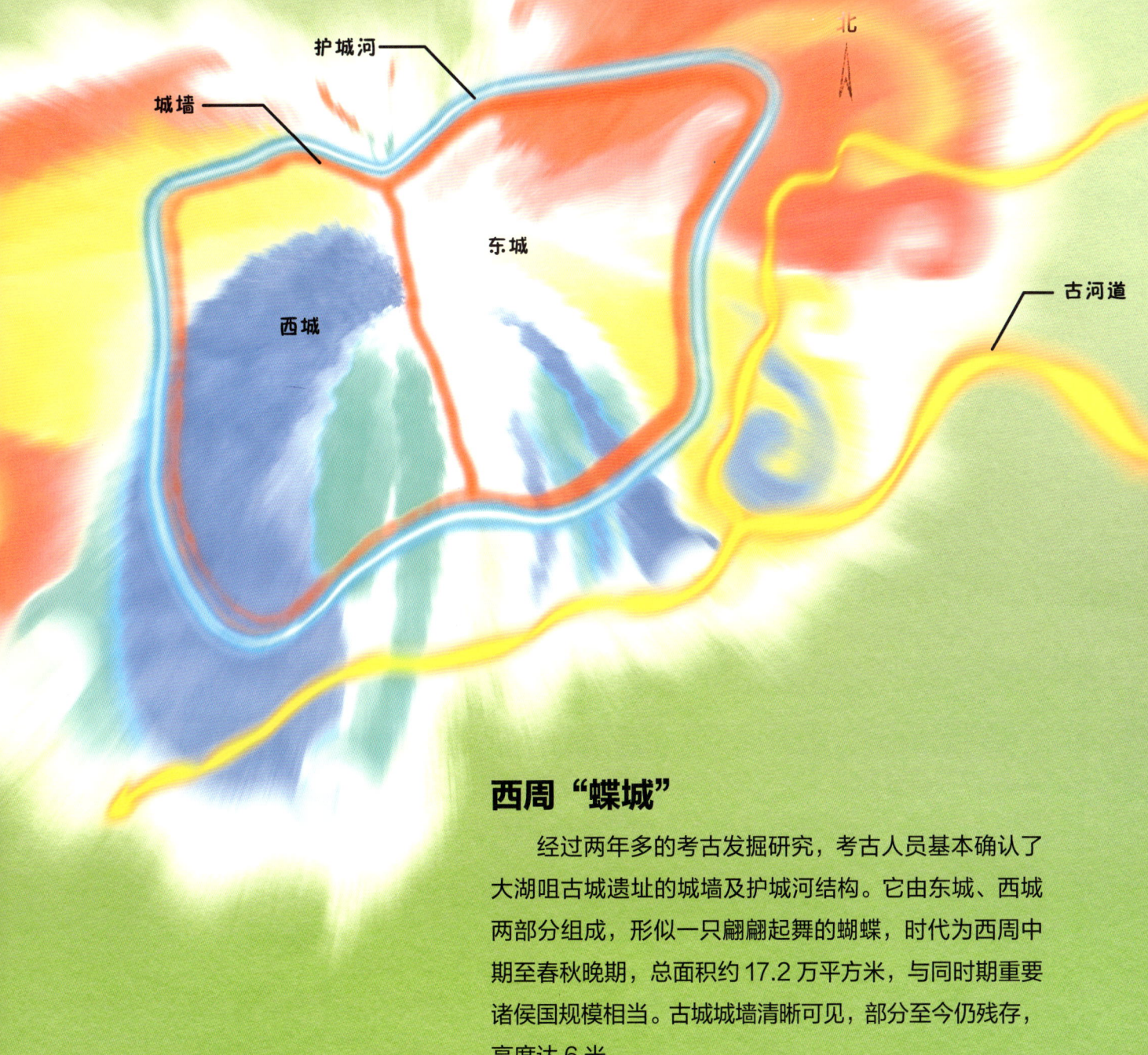

西周"蝶城"

经过两年多的考古发掘研究,考古人员基本确认了大湖咀古城遗址的城墙及护城河结构。它由东城、西城两部分组成,形似一只翩翩起舞的蝴蝶,时代为西周中期至春秋晚期,总面积约 17.2 万平方米,与同时期重要诸侯国规模相当。古城城墙清晰可见,部分至今仍残存,高度达 6 米。

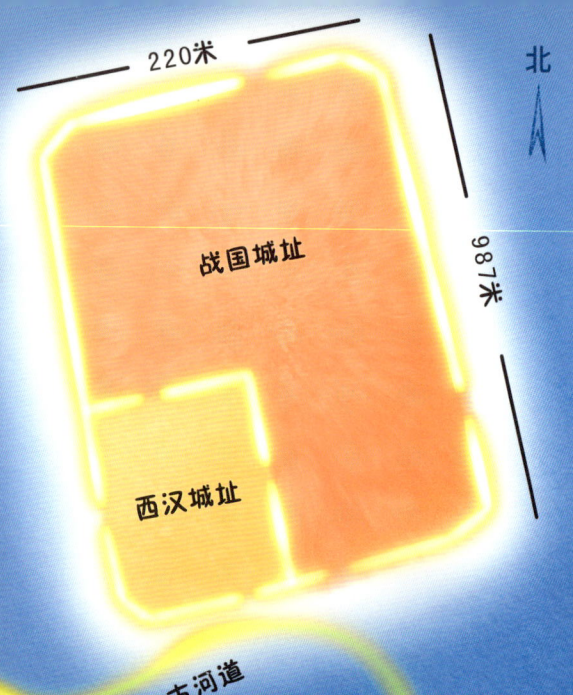

赤壁新店土城遗址

早在 1985 年进行文物普查时，赤壁还发现过一座东周中晚期古城遗址，名为新店土城遗址。

土城分为大小两重，大城为战国城址，是战国时期楚国的一座地方城池，小城为西汉时期利用旧城重建而成。城址四周各有缺口，应为城门，城外有护城壕及古河道，亦可通往长江。

车马器

玉龙

城市之根

现有发掘研究成果表明，赤壁新店土城远在 2000 多年前，曾是一座繁华的城市，也是在长江以南目前发现保存较为完整的楚国城址。

在赤壁大湖咀古城遗址发现之前，新店土城是考古人员所知咸宁最早的城址，而随着大湖咀古城遗址的发现，咸宁建城史可追溯至距今约 3000 年的西周中期。

密集的墓群

考古人员在城内外共发掘清理了 100 余座战国时期墓葬，出土兵器、车马器、玉器、陶器等各类文物。如此密集的墓群，表明楚人曾在此处长期驻扎生活。

青铜壶

青铜兵器

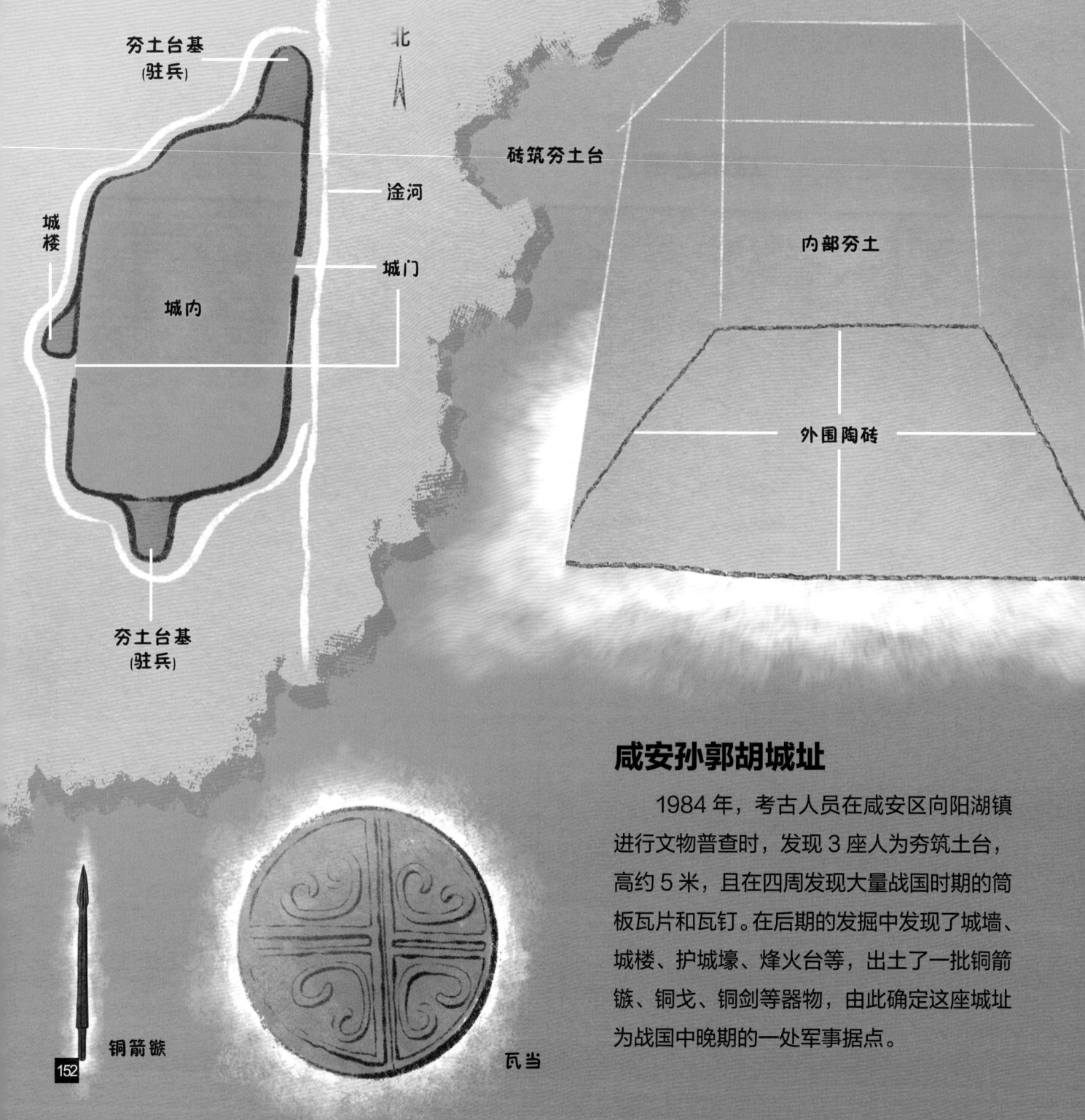

咸安孙郭胡城址

1984年，考古人员在咸安区向阳湖镇进行文物普查时，发现3座人为夯筑土台，高约5米，且在四周发现大量战国时期的筒板瓦片和瓦钉。在后期的发掘中发现了城墙、城楼、护城壕、烽火台等，出土了一批铜箭镞、铜戈、铜剑等器物，由此确定这座城址为战国中晚期的一处军事据点。

台基

其中一处台基下发掘出砖筑痕迹，土台周围用陶砖侧向铺设一圈，内部为夯土。经2000余年风雨洗礼，上部土台大部分被毁，下部陶砖仍保留在原地。经复原，土台形状为长方形，边长约9米，台高约2.2米。陶砖主要起加固土台作用。

孙郭胡城址三面环水、地势开阔，水路经淦河通往斧头湖可入长江，直达江陵（楚都）。考古人员研究发现，这座城址始建于战国早中期，废弃于战国晚期。

赤壁大湖咀遗址、赤壁新店土城遗址、咸安孙郭胡城址3座古城时间跨度自西周到战国晚期，均位于发达的水系周边，与长江贯通，且与长江距离大致相同。

咸安孙郭胡城址
赤壁新店土城遗址
赤壁大湖咀遗址

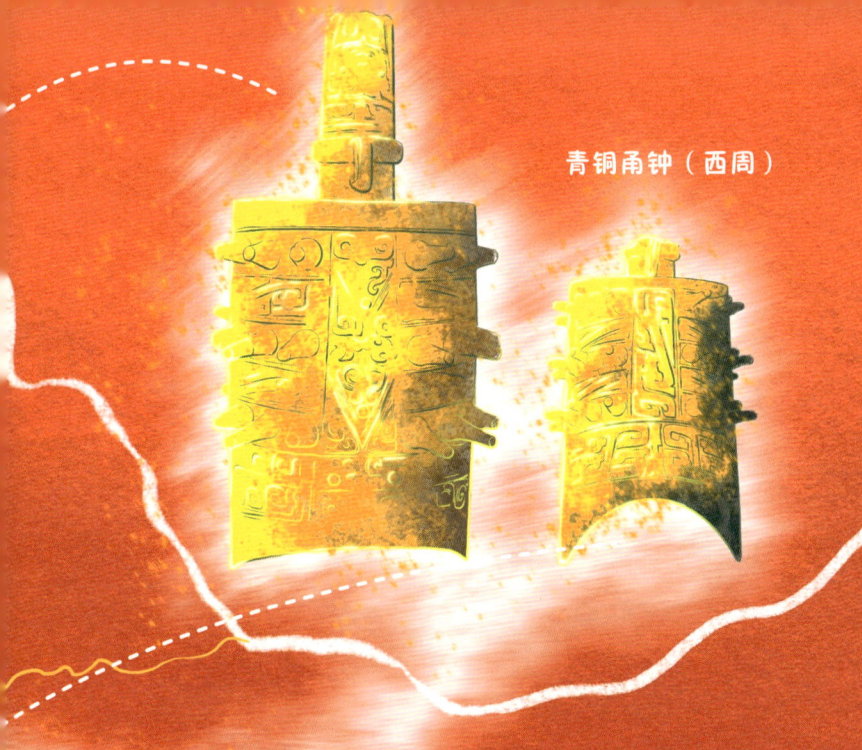

青铜甬钟（西周）

青铜甗（西周）

神秘的南土

1962 年至今，咸宁境内先后出土了一批青铜器，大部分为商周时期青铜礼乐器及兵器等，其中一些青铜器规格较高，分布特点有迹可循。崇阳铜鼓是我国目前所见最早的铜鼓，也是国内保存的唯一一件商代铜鼓。此外还出土了体型巨大的西周青铜甬钟、甗、錞于等。这些散落在咸宁境内的商周青铜瑰宝出自谁手，长期以来一直是个谜。

长江以南区域自古族群众多，出土器物地域特征鲜明，记录了当时各族群文化的交流、融合，以及中原文化在南土的推广和传播。随着这一区域考古工作的持续开展，越来越多的迹象表明，商周时期这里生活着一群我们不曾了解，拥有着较强势力的古老族群。

崇阳铜鼓

崇阳铜鼓

1977年6月，咸宁市崇阳县白霓镇大市村的一场暴雨过后，村民巡查时偶然发现这件铜鼓。它的铸造年代为商代，是仅存于世的两面商代青铜鼓之一，另一面商代铜鼓早年流失日本。崇阳铜鼓装饰有商代晚期流行的云雷纹、乳钉纹、饕餮纹，造型庄重，纹饰精美，规格极高。

通山大甬钟

1972年6月，咸宁市通山县南林桥镇村民在挖水渠时偶然发现这件体型巨大的甬钟。器身装饰有云雷纹、蝉纹、兽面纹等，是我国出土地明确的西周时期第一大甬钟。

通山大甬钟

 **云梦大泽之下的秦国文化符号**
——云梦睡虎地秦墓

中华文明早期,因甲骨文与金文的特定用途,文化被垄断在贵族手中,直到竹简的使用,信息得以加速传播,促进了思想交流,开启了百家争鸣的时代。书写材料的变化也改变了书写方式,狭长的空间使文字开始逐步简化,影响深远。

1975年12月,湖北省云梦县12座战国末期至秦代的墓葬被意外发现,其中一墓葬中惊现大量竹简,经专家辨识,竟是秦国的竹简,这是中国首次发现的大批秦简,被称为云梦睡虎地秦简。这一消息如平地惊雷瞬间传遍考古圈。云梦睡虎地秦简像一封古老的信件穿越2000余年光阴呈现在世人面前,展现出一个别样的秦国。

秦简问世

1975年11月，湖北省云梦县工人在修建水渠时，意外发现古墓群。经考古人员现场勘察共发现12座秦墓。这些古墓规模均不大，但当考古人员小心翼翼地打开11号墓时，他们被眼前的景象所震撼：一个近乎腐朽的棺椁，墓主仅存一副骨架，然而，他的身体周围满满当当的全是竹简。这些竹简并没有腐烂，出土时仍看得出上面的隶书字体。据统计，11号墓中共有1150余枚竹简，且这是考古首次发现的秦简，在此之前，人们还从未见过秦代竹简。

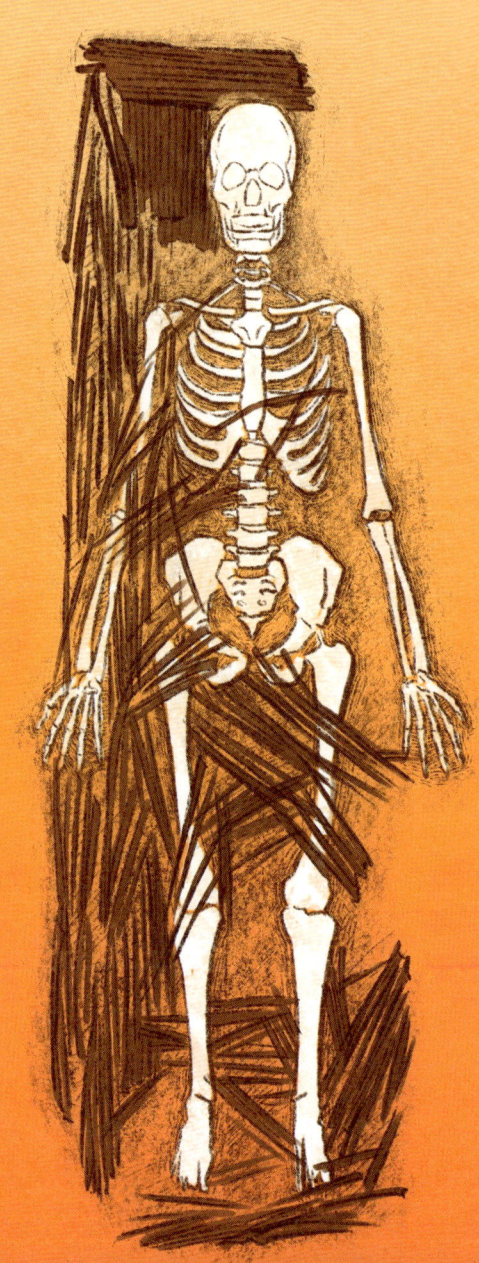

不知是巧合还是冥冥之中的安排，考古人员发现的这12座秦墓均位于水渠当中，像极了竹简的形状。

刚出土的竹简异常脆弱

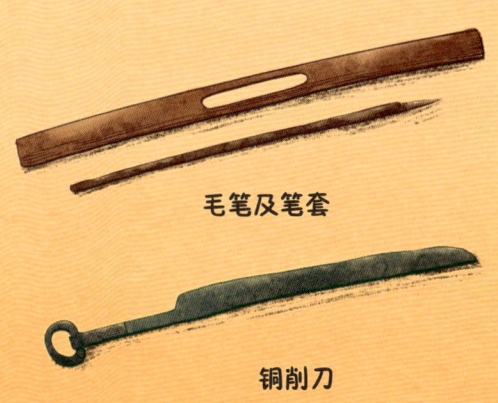
毛笔及笔套

铜削刀

沉睡千年的文字

湖北地区水资源丰富,地下水位较高,大多考古发现的竹简由于长期浸泡在水中,刚出土时软得像面条。虽然刚出土时字迹清晰可辨,但在空气中暴露数分钟后,竹简的颜色就会迅速变暗,最终变成黑褐色,使得字迹不清晰甚至消失。竹简的发掘、提取以及后期保护修复,每个环节都是个精细活。

秦人"喜"

经过实验室检测,考古人员确定了墓主人年龄在45岁左右。与大量竹简一同出土的还有一些生活用品,如毛笔、铜削刀、青铜剑等,足以看出这是一位文武双全的秦人。为什么他要选择与上千枚竹简一同长眠呢?经过考古学家辨认,这批竹简当中有大量的法律文书,还单独记载了一位叫作"喜"的人的一生。

青铜剑及剑鞘

《编年记》

这是一部在浩瀚历史中不起眼的"家族大事记",喜的父亲和喜先后执笔记录了秦始皇时期前后一段时间内的国家大事,同时也记录了喜自己的一生。

"四十五年,攻大野王。十二月甲午鸡鸣时,喜产。"

昭王四十五年,秦国攻下了邻国。同年十二月凌晨,一个孩子诞生,父亲给他取名"喜"。

"今元年,喜傅。"

这一年喜成年,按照秦国法律,参军入伍。而也是这一年,13岁的嬴政登上王位。

"十六年，七月丁巳，公终。"

这一年，喜的父亲去世。

根据专家对整个《编年记》笔迹的观察研究，推测从喜的儿子"获"出生的第二年，喜父郑重地将续写《编年记》这一使命交给了喜。当年父亲无比欢欣地记下了喜的出生，如今，喜不舍地记录下了父亲的逝去。

时间奔流不息，生命轮回不止，尽管他们已远离我们2000余年，但通过这个小家庭的"日记"，那些遥不可及的历史也变得充满温度。

"三年，卷军。八月，喜揄史。"

这一年，喜可能是因为作战有功，成为秦朝的一名基层官吏。

"十一年十一月，获产。"

十一年十一月，喜的儿子"获"出生，相信这一年是喜极为开心的一年。

红枣与棋盘

喜是睡虎地 11 号墓主人,也是一位兢兢业业的秦代基层法律工作者。从出土的六博棋盘、红枣核等,可以想象到他生前喜欢吃红枣,也许忙碌之余爱下棋。

热爱工作的喜

他曾在安陆和鄢县任职,数十年如一日地将自己的工作记录在竹简上,可以想象到他是多么喜欢当时的法律。在那个战乱的年代,秦始皇苦心经营十年一统六国,人们终于可以停止战争。喜一定非常认可秦始皇颁布的新制度,所以在去世后与这些他所心爱的书籍同眠。

史书中未见的秦国

根据考古研究,这些竹简内容广泛涉及秦始皇时期的政治、经济、文化、军事等各个方面,令人意外的是,其中还有秦国对于生态环境保护的严苛律法等,这让我们对秦国有了一个不同以往的认识。那个史料中记载的秦始皇,是否真的那般残暴?也许未来随着新的考古发现不断出土,我们将对秦始皇有更全面的认识。

黑夫与惊的家书

在睡虎地4号墓中,还发掘出土了两件木牍,根据内容可知墓主人名叫"衷"。两封家书是他的兄弟黑夫和惊从战场上寄回来的。黑夫和惊首先问候母亲身体健康,然后写下了近况。

在那个"烽火连三月,家书抵万金"的年代,兄弟俩寄出的家书不知过了多久终于到达了衷的手中。

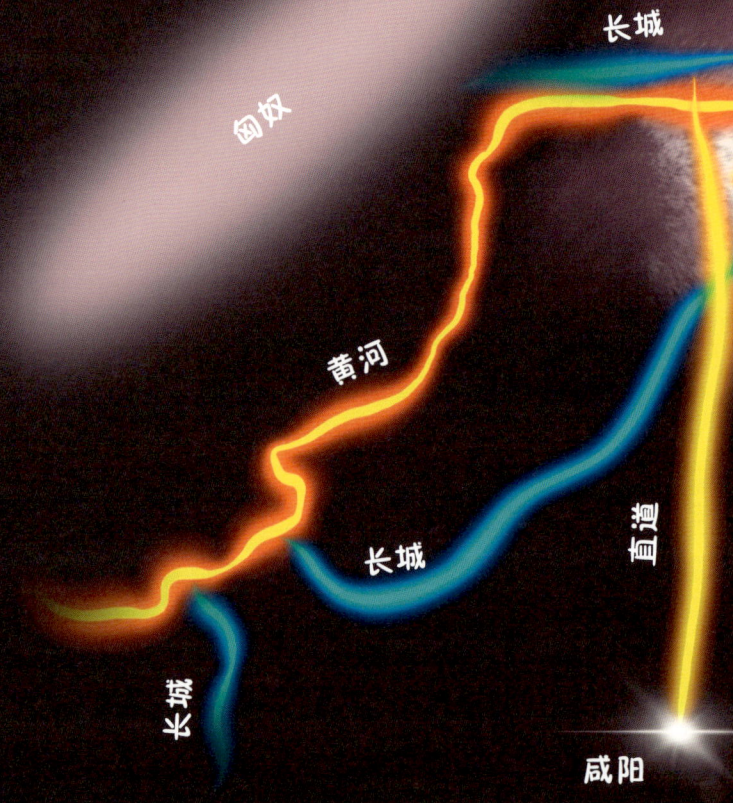

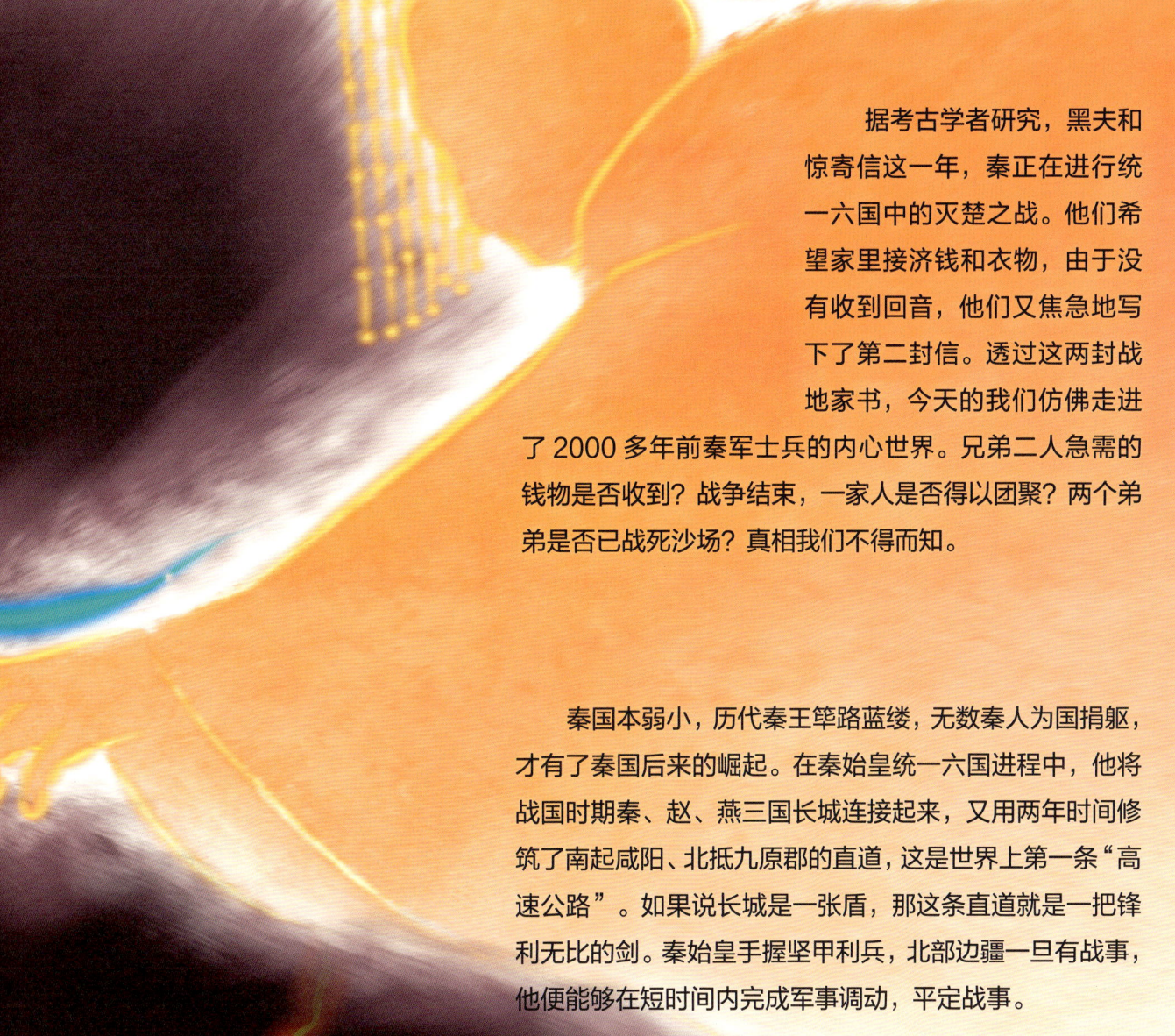

据考古学者研究,黑夫和惊寄信这一年,秦正在进行统一六国中的灭楚之战。他们希望家里接济钱和衣物,由于没有收到回音,他们又焦急地写下了第二封信。透过这两封战地家书,今天的我们仿佛走进了2000多年前秦军士兵的内心世界。兄弟二人急需的钱物是否收到?战争结束,一家人是否得以团聚?两个弟弟是否已战死沙场?真相我们不得而知。

秦国本弱小,历代秦王筚路蓝缕,无数秦人为国捐躯,才有了秦国后来的崛起。在秦始皇统一六国进程中,他将战国时期秦、赵、燕三国长城连接起来,又用两年时间修筑了南起咸阳、北抵九原郡的直道,这是世界上第一条"高速公路"。如果说长城是一张盾,那这条直道就是一把锋利无比的剑。秦始皇手握坚甲利兵,北部边疆一旦有战事,他便能够在短时间内完成军事调动,平定战事。

秦始皇对文字的统一

始皇帝

秦始皇嬴政，取三皇之"皇"、五帝之"帝"构成"皇帝"的称号，是我国第一个称皇帝的君主。秦朝虽然历史短暂，但对后世的中国影响深远。

成语中的竹简

成语"学富五车"中的"五车"指的正是五车竹简。"编"字也与竹简息息相关，引申出了"主编""编写"。

湖北竹简

湖北出土简牍数十批，是当之无愧的简牍大省。长江中游地下水位高，利于漆、木、竹器的保存。

13 藩封钟祥　明代瑰宝
——钟祥梁庄王、郢靖王墓

　　明代曾有三王封藩钟祥，郢王是首位受封于此的皇子，名为朱栋，是明朝开国皇帝朱元璋的第二十四子。之后，梁王朱瞻垍也受封于此，他是明成祖朱棣的孙子，仁宗皇帝朱高炽的第九子。梁庄王、郢靖王墓被多次盗掘，墓中主结构却保存完整，出土众多精美文物。郢靖王墓中更是出土了一对稀世奇珍——元青花龙纹梅瓶、元青花四爱图梅瓶，是中国古代青花瓷中的精品。

明代分封于湖北的藩王 *

楚昭王朱 桢	封地：武昌	时间：1370-1643
湘献王朱 柏	封地：荆州	时间：1378-1397
辽简王朱 植	封地：荆州	时间：1378-1568
郢靖王朱 栋	封地：安陆	时间：1391-1414
蕲献王朱瞻垠	封地：蕲州	时间：1391-1414
襄宪王朱瞻墡	封地：襄阳	时间：1389-1641
荆宪王朱瞻堈	封地：蕲州	时间：1389-1643
梁庄王朱瞻垍	封地：安陆	时间：1389-1441
兴献王朱祐杬	封地：安陆	时间：1487-1501
岐惠王朱祐棆	封地：德安	时间：1487-1501
寿定王朱祐榰	封地：德安	时间：1491-1545
景恭王朱载圳	封地：德安	时间：1539-1565

* 资料来源：湖北省博物馆，《梁庄王墓：郑和时代的瑰宝》，2007年，文物出版社。其中封地为当地时名。

钟聚祥瑞

钟祥古称"郢中",又叫"长寿"。这里是嘉靖皇帝的出生地,因此嘉靖年间这里还有一个显赫的名字——承天府,与北京顺天府、南京应天府并称三大名府,盛极一时。

梁庄王

《钟祥县志》明确记载,梁庄王葬于城南村附近一座小山上。这段记载吸引了许多别有用心的人。很长一段时间里,这里经常被盗墓贼光顾,一些不怀好心的人对这块"肥肉"虎视眈眈。

发生在春节的盗墓

时间来到 2000 年春节,钟祥市正处于新年的喜庆氛围中,烟花绽放,鞭炮声声,响彻云霄。突然!一声闷响引起了一位村民的注意,一种不祥的预感在心中隐约升起……

多次被盗的王墓

第二天一早，村民果然在山腰上发现了盗墓贼留下的盗洞痕迹，狡猾的盗墓贼利用春节烟花爆竹声响作为掩护进行盗墓。其实，这早已不是梁庄王墓第一次被炸盗，由于记载清晰，这里曾被很多盗墓贼光顾过，所以村民们早已对此有一定警觉。多次盗墓行为已危及文物安全，此次严重的炸盗行为更是增加了梁庄王墓垮塌的风险。

抢救性发掘

为避免文物遭到损坏和被盗，考古人员决定对此墓进行抢救性发掘。在发掘之前首先要进行勘探，弄清地下空间的布局，随后便开始正式发掘。

封门墙上的意外发现

勘探的成果就像一张平面图，考古人员根据这张图，从墓道开始进行发掘工作。不久，深埋地下的"宫殿门"便露出真容，在封门墙底部，两块方形石块引起人们注意。

6.6米 — 4.7米 — 约31平方米

5.3米 — 7.9米 — 约42平方米

墓室平面图

嵌碑墙

墓门的砖墙前面有一堵碑墙，上有两块石碑并列并用铁箍密封。其中大的一块是梁庄王墓的墓志碑，简要地叙述了他本人的生平；小的一块是梁庄王妃魏氏的墓志碑，记载了二人的凄婉爱情故事。梁庄王与王妃魏氏一起只生活了几年便病逝，王妃悲痛不已，随后郁郁寡欢，10 年后一病不起，追随亡夫而去，年仅 38 岁。

自来石

古代大型墓葬都有很强的防盗措施，人们要想通过墓门进入内部绝非易事。首先是石门高大厚重，其次墓门的内侧，往往会有一根石柱顶住墓门卡槽，这就是"自来石"。有了自来石，从外面推门而入的可能性几乎为零。但古墓内部谁来放置自来石又怎么出来呢？原来，聪明的古人在墓室门即将关闭之前，将自来石放在石槽内，工匠们撤出墓室，关闭墓门的同时，自来石借助于本身的重量缓缓落下，直到顶端和墓门槽口对接，墓门便会严丝合缝地关闭，巨大的自来石就这样神奇地自动顶在了墓室门内。

半扇石门

拆除封门墙露出墓门时,奇怪的景象令人担忧起来,因为石门竟然只有半扇。难道盗墓贼们早就登门入室了?

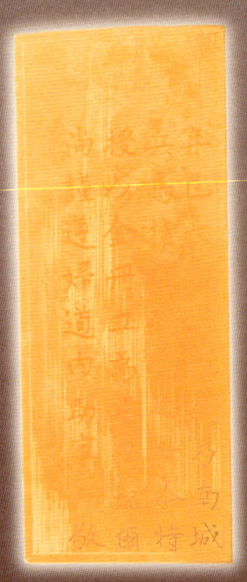

鎏金银封册

进入墓室

考古人员终于进入墓室内部，让人欣慰的是，盗墓贼并未真正进入墓内。经过细致清理，掩埋在淤泥下的大量金银玉器逐渐显露真容。

首次发现的亲王妃封册实物

王妃的封册极少陪葬在墓中，梁庄王墓中发现的"王妃封册"在已发掘的明代亲王墓中，尚属首例。封册由两块长方形鎏金银板组成，长23厘米，宽9.1厘米，质量近2千克。其上铸有册文，是梁王妃魏氏1433年被册封为王妃的任命文书。

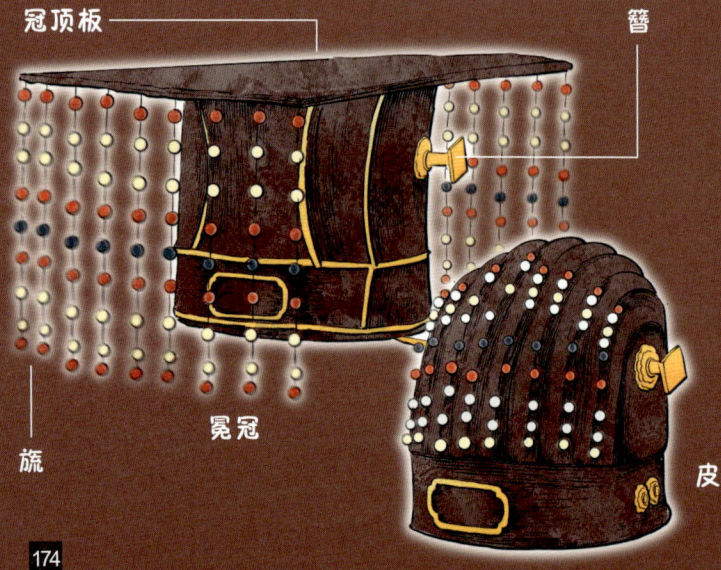

冠顶板　　　　　　　　　　簪

冕冠

旒

皮弁

冕冠

墓中还出土了冕冠、皮弁、帽顶、革带、束带等各种冠服佩饰。梁庄王墓出土的冕冠和皮弁，帽身均已腐朽，但百余件金玉附件依旧留在原地。

明代亲王冕冠前后各9旒，每旒9珠，串珠颜色也有规定。

金玉满堂

考古人员细致地清理所有淤泥，不放过任何蛛丝马迹，共出土金、银、玉、瓷、宝石等文物 5100 余件/套，其中金、银、玉器 1400 余件，珠饰宝石 3400 余件，用金量高达 16 千克，用银量 13 千克，用玉量 14 千克，各种镶嵌的宝石多达 18 种，共 700 余颗。

云形金镶宝石饰品

珠光宝气

考古人员发现，梁庄王墓随葬的腰带数量达到 13 条之多（玉腰带 9 条，金镶带 4 条），每一条都精美绝伦。其中一件金镶宝石腰带由 20 余枚金带銙组成，共嵌彩色宝石 80 余颗，工艺精美、宝石璀璨、光彩夺目。

宝石的产地

出土的各类宝石经科学检测产地为东南亚和西亚,据专家分析,这些珠宝极有可能与郑和下西洋有关。

郑和下西洋

更为重要的是,梁庄王墓还出土了一枚金锭,重近半斤,其上刻有铭文"永乐十七年四月 日西洋等处买到……"证明它是来自西洋的贡金。

郑和曾七次率船队下西洋,永乐十七年(1419年)四月正是郑和第五次下西洋归来之时。

这枚金锭就是郑和船队用所买的黄金制作的,随后皇帝又将其作为"定亲礼物"赏赐给了梁庄王。

珍贵的金帽顶

此外,墓中还出土了6件金帽顶,其中金镶玉龙帽顶2件,金镶宝石帽顶4件。据研究,这些帽顶均为元朝皇室之物。

金镶宝石白玉镂空帽顶

金质底座莲瓣面上镶嵌宝石6颗,座顶是白玉镂雕龙穿牡丹,玉色柔和。

金镶蓝宝石帽顶

由金镶宝石覆莲底座和蓝宝石顶饰组成,出土时存宝石7颗。

金镶无色蓝宝石帽顶

由金镶宝石莲花底座和蓝宝石帽顶组成,现存宝石10颗。顶端的一颗橄榄型无色蓝宝石近200克拉(1克拉=0.2克),是目前考古发现最大的蓝宝石,熠熠生辉。

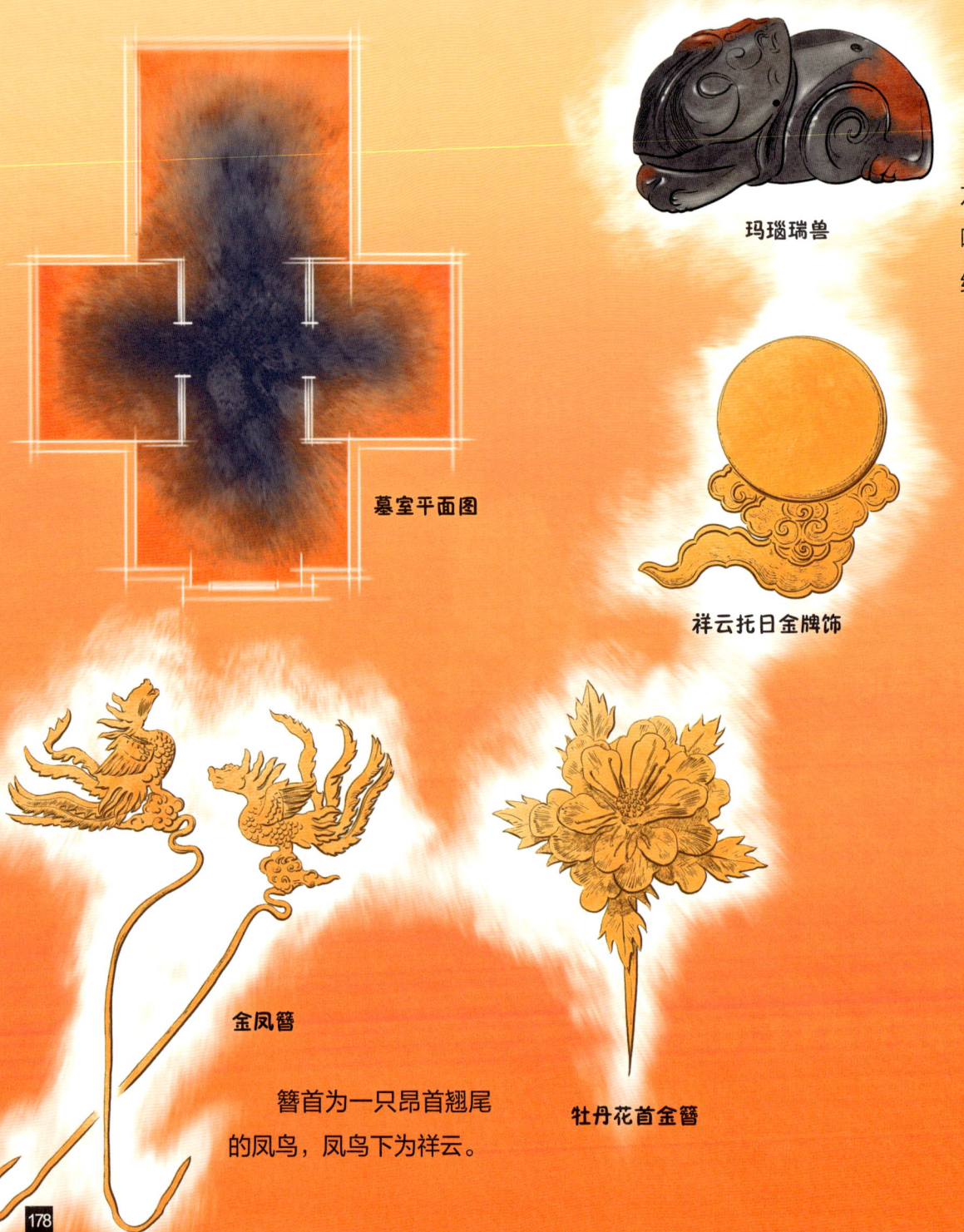

玛瑙瑞兽

造型取自龙生九子中的嘲风，可作镇纸之用。

墓室平面图

祥云托日金牌饰

金凤簪

簪首为一只昂首翘尾的凤鸟，凤鸟下为祥云。

牡丹花首金簪

郢靖王

梁庄王墓出土大量珍贵文物的消息不胫而走,使得钟祥另一处明代亲王墓——郢靖王墓也多次被盗墓贼光顾。据统计,它经历了9次盗掘。2005年底,考古人员对郢靖王墓启动了抢救性发掘。与同为明代藩王的梁庄王墓相比,郢靖王墓中出土的随葬物品中金银珠宝的数量远不如前者,但却有一对稀世奇珍——元青花龙纹梅瓶、元青花四爱图梅瓶。

元青花四爱图梅瓶

稀有的元青花

四爱图梅瓶的纹饰分3组,肩部为凤穿牡丹纹,腹下部绘莲纹和忍冬纹,腹部主题纹饰分别绘有《王羲之爱兰图》《陶渊明爱菊图》《周敦颐爱莲图》《林和靖爱梅鹤图》。

2005年曾有一件元青花瓷罐以折合人民币约2.3亿元的价格被拍卖,是当时中国艺术品的最高拍卖纪录。因元代青花瓷的珍贵稀有,这件考古出土的四爱图梅瓶更是被誉为瓷器中的"大熊猫"。

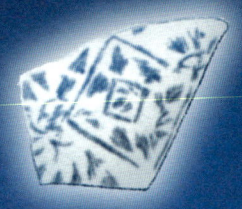

唐青花瓷残片

唐青花瓷盘

源于唐

目前考古发现最早的青花瓷，是在扬州唐城遗址中出土的一块唐代青花瓷枕残片。此外。1998 年一艘唐代沉船在印度尼西亚海域被打捞出水，因附近有一块黑色礁石，沉船被命名为"黑石号"。这艘沉睡海底千年的古船上发现金、银、瓷器等中国产品共 67 000 余件，其中有 3 件青花瓷盘是目前发现时间最早、最完整的唐代青花瓷器。

兴于元，盛于明清

唐代青花瓷尚处于萌芽时期，元代走向成熟。公元 1278 年，元朝在景德镇设立了专门烧造官府用瓷的"浮梁瓷局"，全国最优秀的制瓷工匠会聚于景德镇。明代，青花瓷进一步成为瓷器主流，清代发展到顶峰。

14 中国近代史重要"舰证者"
——中山舰

　　中山舰原名"永丰舰",1913 年装备中国海军,历经护国运动、护法运动、孙中山广州蒙难、中山舰事件、武汉保卫战……1925 年改名为中山舰。1938 年 10 月,在武汉保卫战中,中山舰被 6 架日机击沉在长江金口水域,以萨师俊舰长为首的 25 名官兵为国捐躯。

　　1997 年 1 月,在长江中沉睡了近 60 年的中山舰被整体打捞出水,开创了我国内河考古的先例。回首波澜壮阔的历史往昔,铭记今日的来之不易,让我们一起重温我国最大可移动文物的时代记忆。

中山舰的前世今生

130 年前的甲午海战，让清朝苦心经营了 20 年的北洋水师全军覆没，签订了丧权辱国的《马关条约》，给中华民族带来空前严重的危机。

清政府为了弥补甲午海战的损失，决定重组北洋水师并向国外订购战舰，讽刺的是，清政府居然向打败自己的日本订购了两艘战舰。

永丰舰

建造地：日本

服役时间：1913—1938 年

尺寸：长 62.5 米、宽 9 米

动力：蒸汽动力

舰上人员：108 人

1911年孙中山领导的辛亥革命推翻清政府统治，结束了在中国延续几千年的君主专制制度。1913年，两艘军舰双双被编入海军第一舰队，其中一艘被命名为"永丰舰"。初创的中华民国风雨飘摇、多灾多难，永丰舰诞生于清末，效力于民国，见证了风云激荡的岁月，承载了半部中国革命史。

永丰舰避险

1922年，陈炯明叛变，炮轰孙中山总统府，紧急关头，孙中山、宋庆龄秘密前往永丰舰避难50余天。

再登永丰舰

1923年，孙中山携宋庆龄再登永丰舰，慰问官兵并合影，以纪念广州蒙难一周年。

更名中山舰

1925年，孙中山去世，国民政府正式将永丰舰更名为"中山舰"。

护法战争

1917年，段祺瑞执掌北洋政权，宣布废除临时约法和国会。孙中山发起护法战争，永丰舰发挥巨大作用。

舰沉长江

1937年，抗日战争全面爆发后，中山舰奉命参加武汉保卫战，被日军击沉。

护国运动

1915年，袁世凯复辟帝制，永丰舰加入孙中山领导的护国军行列。

打捞权花落谁家？

中山舰虽然沉没多年,但并未被国人遗忘。20世纪80年代与中山舰有不解之缘的湖北省、江苏省、广东省先后提出打捞"中山舰"计划,相互竞争打捞权,引起了社会各界的广泛关注,国内外20多家新闻媒体纷纷进行了报道。

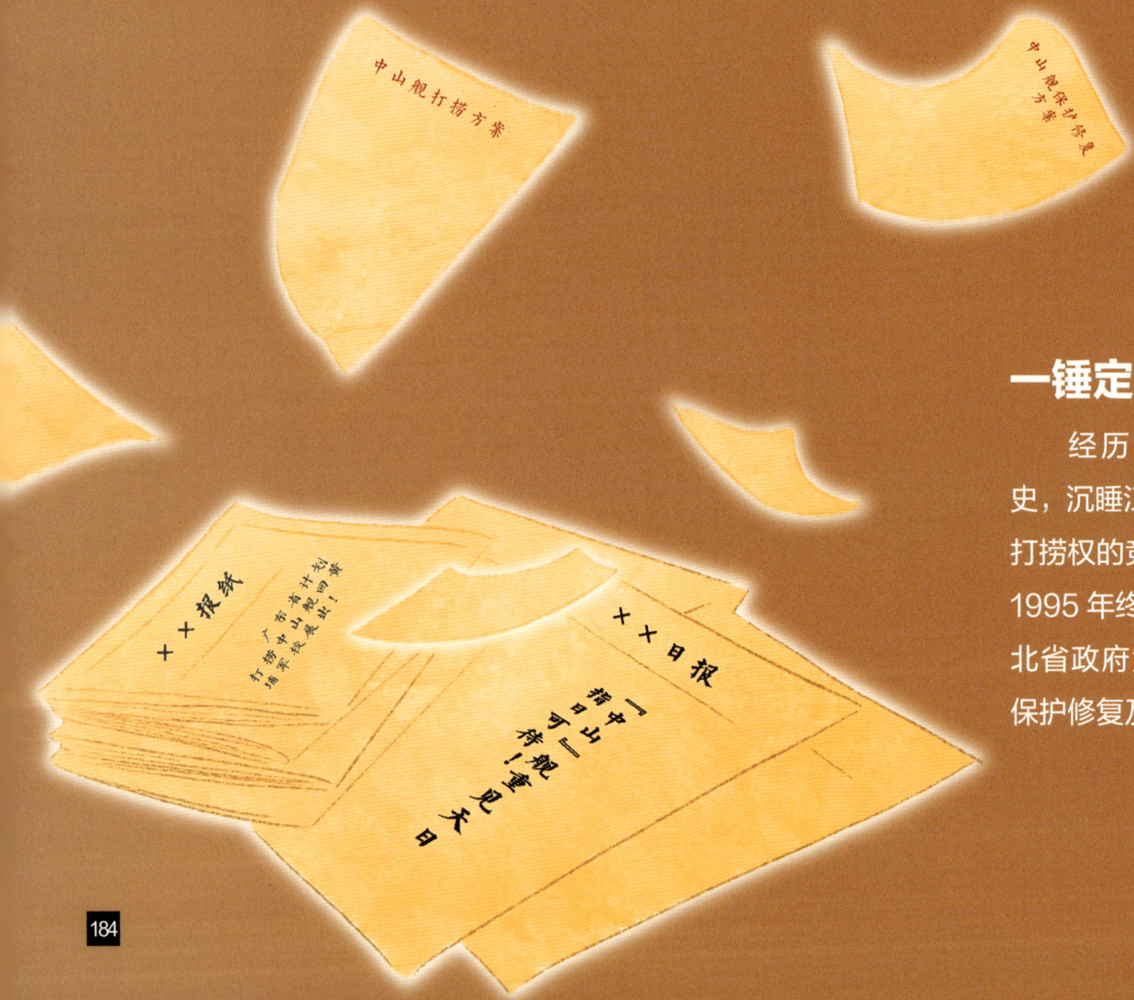

一锤定音

经历了25年的风云历史,沉睡江底近60年,三省打捞权的竞争又耗时10年,1995年终于一锤定音,由湖北省政府负责打捞以及后续保护修复及展示工作。

内河考古先例

我国水下考古起步较晚,且在长江下考古不同于在海底考古,江流湍急浑浊,能见度几乎为零,既有砂石杂物,又有暗流漩涡。

打捞队员穿着百余斤重的潜水服反复下潜进行清障作业实属不易。

打捞人员终于在舰尾摸到了凸起的"中山"二字,这才确定水下躺着的正是中山舰。

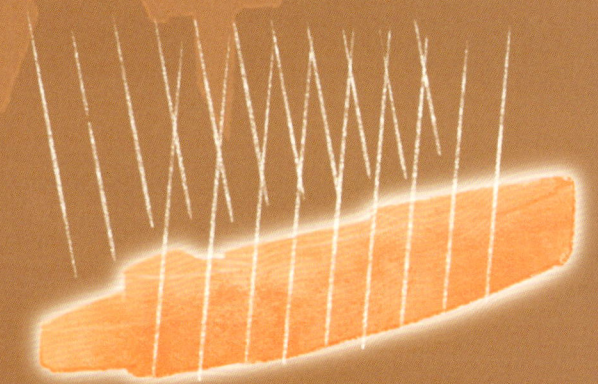

在清理完底部障碍后,用20根巨型钢缆穿过舰底,就像在江底编织一个大网兜。

由于沉睡江底近60年,舰中淤积泥沙达1500吨之多,超过了军舰自重两倍,打捞过程异常艰辛。打捞出水的舰体锈迹斑斑,上层几乎被炸毁,可见当年战斗之惨烈。随后考古人员进入舱内,在泥沙中清理文物。发掘的数千件文物,小到印章,大到枪炮都来之不易。

重见天日的中山舰

修复过后的中山舰风采依旧。

舰体上日军攻击留下的弹洞。

保护修复

中山舰的整体打捞出水只是一个开始，随后还有大量烦琐细致的工作需要文物工作者完成。

2001年底中山舰保护修复整体完成，耗时772天，修复保留两处原始弹洞以警醒世人，勿忘国耻。

宁舰 马力2000匹
建造地：上海
服役时间：1929—1938年
尺寸：长55米、宽7.3米
动力：蒸汽动力
舰上人员：92人

宁海舰 马力9500匹
建造地：日本
服役时间：1932—1944年
尺寸：长110米、宽12米
动力：蒸汽动力
舰上人员：361人

平海舰 马力9500匹
建造地：上海
服役时间：1937—1945年
尺寸：长110米、宽12米
动力：蒸汽动力
舰上人员：370人

逸仙舰 马力4000匹
建造地：上海
服役时间：1931—1959年
尺寸：长82米、宽10.3米
动力：蒸汽动力
舰上人员：161人

民生舰 马力2400匹
建造地：上海
服役时间：1931—1944年
尺寸：长62.5米、宽8米
动力：蒸汽动力
舰上人员：120人

长江舰 马力2200匹
建造地：上海
服役时间：1930—1981年
尺寸：长60米、宽8米
动力：蒸汽动力
舰上人员：115人

民国时期我国主要舰艇（部分）

不沉的中山舰

2008年，中山舰博物馆初步建成，但如何将中山舰放进展馆绝非易事。作为全国最大的可移动性文物，中山舰已不具备自浮能力。将中山舰从江堤移到馆内，短短300多米的距离，花了五六天的时间。

中山舰的打捞、修复、迁移耗时十余年，可谓是十年磨一"舰"。2011年，中山舰博物馆正式对外开放，从沉没到展出，70余年岁月流转，中山舰承载着岁月沧桑，以崭新的面貌在21世纪绽放夺目光彩。

水下考古

从 1987 年至今，我国水下考古经历了漫长的发展过程。过去相当长的一段时间，我们难以到达深海，更谈不上进行深海考古工作。

随着国力的不断增强，2014 年以来我国水下考古能力极大提升，下潜深度能够到达海底 4500 米，拉开了中国深海考古的序幕。

告别大地，开启一段奇妙的旅途，水下万籁俱寂。考古人员通过沉船与文物和古人对话，唤醒沉睡的历史，让深埋海底数千年的古老文物得以重现在 21 世纪。

铭记历史 砥砺前行

一艘中山舰,半部民国史。百年历史、百年沉浮,它见证了清朝灭亡、共和建立、现代海军的发展以及众多历史事件,见证着中华民族的苦难与辉煌。

百年前,清朝海军一败涂地,列强环伺,任人宰割。

百年后,国富民强,新型战舰如雨后春笋,航母编队驰骋大洋,新型战机展翅高飞。百年未有之大变局的新时代,中山舰从历史中驶来,在新的"航线"上继续乘风破浪,披荆斩棘!

古老中华文明经岁月而不老
中国依旧旭日朝阳

结 语

　　考古是在无序中寻找有序,在碎片中探寻真相,既从微观入手,也从宏观着眼。考古人员所关注的不仅仅是那些巧夺天工的沧海遗珠,而是一切与人类活动有关的遗存。岁月轮转,烽火已熄,在这片 960 万平方千米的广袤土地上,无数考古人前赴后继,用手铲清除尘土,探寻历史深处的印记。在大家阅读这本书的同时,众多考古人员也正在旷野中俯身探寻泥土中的文化密码。他们不畏严寒酷暑,扎根田野,探索未知,揭示本源,重塑历史,为弘扬中华优秀传统文化而不懈奋斗。

　　近年来,博物馆"火"起来了,成为旅游必打卡的景点之一,这一切离不开考古人员的发掘与研究。一些考古发现颠覆了我们长久以来的认知,让我们得以直观感受到中华文明的源远流长与博大精深。当那些深埋地下数千年乃至数万年的精美文物摆到博物馆展厅中央,当摩肩接踵的人群驻足凝视那些未曾见过甚至未曾想象过的古老文物,那一刻,时空界限的感知变得模糊,仿佛千年前的那场盛宴仍未结束……

参考文献

崔仁义，2013. 文明时代的曙光：从屈家岭遗址群的形成到中国农谷的诞生[J]. 荆楚学刊，14（1）：25-32.

杜金鹏，2005. 盘龙城商代宫殿基址讨论[J]. 考古学报（2）：161-184.

冯小波，陆成秋，王昊，2011. 湖北郧县直立人遗址研究新进展[J]. 江汉考古（3）：57-64.

葛昌永，2022. 訇然开启的历史之门：枣阳九连墩战国古墓发掘纪实[J]. 湖北文史（2）：145-153.

湖北省博物馆，2021. 华章重现：曾世家文物[M]. 北京：文物出版社.

湖北省博物馆，2007. 梁庄王墓：郑和时代的瑰宝[M]. 北京：文物出版社.

湖北省博物馆，1982. 楚都纪南城的勘查与发掘（上）[J]. 考古学报（3）：325-350，399-402.

湖北省潜江博物馆，湖北省荆州博物馆，2005. 潜江龙湾：1987～2001年龙湾遗址发掘报告（上、下册）[M]. 北京：文物出版社.

湖北省文物考古研究所，北京大学考古文博学院，天门市博物馆，2017. 湖北天门市石家河遗址2014～2016年的勘探与发掘[J]. 考古（7）：31-45.

湖北省文物考古研究所，赤壁市博物馆，2023. 湖北赤壁大湖咀遗址 2022 年度考古收获 [J]. 江汉考古（1）：49-53.

湖北省文物考古研究所，大冶市铜绿山古铜矿遗址保护管理委员会，2015. 大冶铜绿山四方塘墓地第一次考古主要收获 [J]. 江汉考古（5）：35-44,129.

湖北省文物考古研究院，中国科学院古脊椎动物与古人类研究所，武汉大学，等，2023. 湖北十堰市学堂梁子旧石器时代遗址 [J]. 考古（7）：3-13.

湖北孝感地区第二期亦工亦农文物考古训练班，1976. 湖北云梦睡虎地十一座秦墓发掘简报 [J]. 文物（9）：51-62,108-109.

荆州博物馆，2011. 湖北荆州熊家冢墓地 2008 年发掘简报 [J]. 文物（2）：4-19.

荆州博物馆，2008. 湖北荆州熊家冢墓地考古发掘简讯 [J]. 江汉考古（2）：67,133-134,143.

王劲，2012. 揭开矿冶考古的新篇章：铜绿山矿冶考古调查发掘记 [J]. 南方文物（4）：118-124.

闻磊，周国平，2016. 郢路辽远 楚都纪南城宫城区的考古发掘 [J]. 大众考古（11）：19-28.

武汉大学历史学院，湖北省文物考古研究所，武汉市文物考古研究所，等，2020. 武汉市盘龙城遗址各地点历年考古工作综述 [J]. 江汉考古（6）：3-18.

向其芳，2018. 石家河大遗址的考古探索历程 [J]. 大众考古（8）：31-39.